教育工学選書Ⅱ  8

# 情報教育・
# 情報モラル教育

日本教育工学会 監修
稲垣 忠・中橋 雄 編著

ミネルヴァ書房

## 情報教育・情報モラル教育
### 目次

**序　章**　　　　　　　　　　　　　　　　　　　　　　　　　ⅰ

　1　情報社会を生きる　　　　　　　　　　　　　　　　　　　1
　2　情報活用能力の要素　　　　　　　　　　　　　　　　　　3
　3　情報教育の新たな展開に向けて　　　　　　　　　　　　　6
　4　本書の構成　　　　　　　　　　　　　　　　　　　　　　8

**第1章　情報教育の歴史と制度の確立**　　　　　　　　　　　11

　1.1　はじめに　　　　　　　　　　　　　　　　　　　　　11
　1.2　初等中等教育における情報教育の動向　　　　　　　　11
　1.3　初等中等教育における情報教育の現状と課題　　　　　16
　1.4　情報教育の実践研究の現状と課題　　　　　　　　　　24

**第2章　情報活用の実践力**　　　　　　　　　　　　　　　　31

　2.1　情報活用の実践力とは　　　　　　　　　　　　　　　31
　2.2　学習指導要領上の位置づけ　　　　　　　　　　　　　33
　2.3　情報活用の実践力に関する研究動向　　　　　　　　　36
　2.4　今後の研究課題　　　　　　　　　　　　　　　　　　44

## 第 3 章　情報の科学的理解 ……………………………………………… 49

- 3.1 「情報の科学的な理解」とは …………………………………… 49
- 3.2 「情報の科学的な理解」に関する研究動向 …………………… 51
- 3.3 各学校段階での「情報の科学的な理解」に関する研究動向 …… 57
- 3.4 プログラミング教育の動向 …………………………………… 61
- 3.5 まとめ …………………………………………………………… 64

## 第 4 章　情報社会に参画する態度 ……………………………………… 67

- 4.1 「情報社会に参画する態度」の定義と他の 2 つの目標との関係 …… 67
- 4.2 情報モラルの定義 ……………………………………………… 69
- 4.3 「情報社会に参画する態度」に関する教育実践上の課題 …… 69
　　　──情報活用能力調査の結果から
- 4.4 情報化が進展したことにより対応が必要となっている問題についての検討 …………………………………………………… 74
- 4.5 「情報社会に参画する態度」に関連する研究 ………………… 80
- 4.6 「情報社会に参画する態度」で教育工学が貢献すべきテーマ … 83
- 4.7 今後の展望 ……………………………………………………… 86

## 第 5 章　情報活用能力の評価 …………………………………………… 91

- 5.1 情報活用能力の評価が問われている背景 …………………… 91
- 5.2 コンピュータを用いたさまざまな調査の動き ……………… 93
- 5.3 本学会における情報活用能力等の評価に関する研究 ……… 96
- 5.4 国レベルの情報活用能力の評価の取り組み ………………… 97
- 5.5 国際レベルの ICT と関わる教育の取り組みの評価 ………… 98
- 5.6 国際コンピュータおよび情報リテラシー調査の内容 ……… 101
- 5.7 国際コンピュータおよび情報リテラシー調査の方法 ……… 102

## 目次

- 5.8 国際コンピュータおよび情報リテラシー調査から明らかになったこと ……………………………………………………… 105
- 5.9 まとめにかえて ……………………………………………… 106

## 第6章　情報教育のカリキュラム ………………………………… 109
- 6.1 情報教育カリキュラムの類型 ……………………………… 109
- 6.2 情報教育の内容 ……………………………………………… 111
- 6.3 情報教育の射程 ……………………………………………… 121

## 第7章　情報活用能力とメディア・リテラシー ………………… 124
- 7.1 情報活用能力とメディア・リテラシーの接点は？ ……… 124
- 7.2 用語の定義と相関 …………………………………………… 124
- 7.3 情報教育の変遷とメディア教育の位置づけ ……………… 127
- 7.4 日本教育工学会におけるメディア・リテラシーに関する研究 …… 132
- 7.5 今後の展望 …………………………………………………… 139

## 第8章　情報教育を支援する教材・システムの開発 …………… 142
- 8.1 情報教育に関係する国内外の動向 ………………………… 142
- 8.2 情報（処理）教育における教材・システムの提案動向 … 144
- 8.3 情報教育で利用可能な教材ポータルサイト ……………… 147
- 8.4 「情報活用の実践力」の育成を支援する教材・システム …… 150
- 8.5 「情報の科学的な理解」の育成を支援する教材・システム …… 154
- 8.6 「情報社会に参画する態度」の育成を支援する教材・システム …… 160

## 第9章　情報活用能力を育てる教師の指導力 …………………… 166
- 9.1 情報活用能力の育成に資する教師の指導力 ……………… 166

9.2　教科指導における情報活用能力の育成と教師の指導力 ……………… 169
9.3　教科外指導における情報活用能力の育成と教師の指導力 ………… 178
9.4　情報活用能力の育成に求められる教師の学び …………………………… 182

## 第10章　情報教育研究のこれから ……………………………………… 186

10.1　理念としてのカリキュラム ……………………………………………… 186
10.2　制度としてのカリキュラム ……………………………………………… 189
10.3　情報教育の実践と評価 …………………………………………………… 198
10.4　問題解決能力の育成 ……………………………………………………… 200

索　引

# 序　章

稲垣　忠／中橋　雄

## 1　情報社会を生きる

　大量の情報が生産，流通され続ける社会，情報が高速かつ広範囲に伝達・共有される社会，情報を処理・伝搬する際にコンピュータやさまざまなメディアが介在する社会，情報に関わるサービス，産業の比率が高まる社会，経済・政治・文化などあらゆる社会活動に情報技術が影響を及ぼす社会。「情報社会」はおよそこれらのようにイメージされている。情報「化」社会のように進展していくことを想起させる表現や，「高度」情報化社会のように段階的に発展することを示唆する表現もある。いずれにしても，情報技術は私たちの社会の存立を左右する基盤となった。

　東日本大震災の際，私たちは衣食住の確保と同じくらい，あるいは水や電気の復旧を期待するのと同じくらい，情報の入手と情報インフラの復旧を必要とした。震災の規模も復旧の見通しも，マスメディアの情報なしに全貌はわからない。支援物資の流通も，行方不明者の捜索も情報の集約と整理を的確に行うことが行動の前提だった。復興を進めるためにどのような町づくりを進めていくか，そこに暮らす人々のニーズを偏りなく集約するにも，甘い見通しに踊らされないためにも，情報を適切に収集し，判断することが求められる。

　情報を集める際，さまざまなメディアから情報を集め，比較し，判断する方が確度の高い情報になる。アンケート調査やインタビューなど，実際に調査してもよいだろう。その場合，誰を対象にどのようなことを尋ねるのか，どのような聞き方が適切なのか，慎重に考える必要がある。集めた情報は比較したり，分類したり，関連づけたりといった思考活動を伴いながら整理される。統計的

な情報であれば，コンピュータを用いることで素早く大量の情報を処理することができる。集めた情報からわかったことが見えてくれば，それを形に表すことになる。レポートやプレゼンテーションといった言語を中心とした形，図表やグラフなど視覚的な表現，動画や音楽のように創作性が高く情意に訴えるものもある。誰に伝えるのか，伝えることでどんな反応を引き起こしたいのかを考えて表現手段やその内容は吟味される。

　こうした一連の活動を遂行する力は，単純に情報機器を使いこなせることだけでは上手くいかない。問題解決のプロセスを念頭に置きながら，図書やウェブ検索，インタビュー，情報の整理，統計的な処理，文章や視覚的な表現といった個々の学習スキルが連なったものととらえられる。そしてこれらの学習スキルは，コンピュータの活用を伴わせることにより，より効果的・効率的に実現できたり，信頼性を高めたりすることができる。

　情報社会は情報の流通だけでなく，私たちのコミュニケーションに変化をもたらした。メールやSNSは，私たちの日常のコミュニケーション・ツールとしてすっかり定着した。いつでも，どこでも，誰とでもつながれる社会の到来は，人間関係や社会のあり方そのものを変えてしまった。待ち合わせや日程調整の仕方，家族内の連絡，友人や恋愛関係まで，対面，電話，手紙を手段とした頃を思い出すのも難しい。そしてこの変化には功罪がある。利便性・効率性が高まったこと，孤独を感じることが少なくなったことは功の面だろう。反面，より忙しく，人間関係に依存するようにもなった。テキストと絵文字だけだからこそ言いやすいこともあれば，誤解を生むこともある。すぐに伝えられる分，すぐに返事がもらえると思ってしまう。テクノロジーが時間的・空間的な距離を極限までゼロに近づけてしまった以上，どのように人と関わるのかは，私たち自身が律していくより他ない。SNSをきっかけにしたいじめや，不適切な言動などから非難が殺到する「炎上」の連鎖に，私たちはどのような倫理観をもって向かい合えばよいのだろうか。

　情報の流通やコミュニケーションを支える情報技術そのものの進化は留まるところを知らない。普段，手にしているスマートフォンは一昔前のスーパーコンピュータに匹敵する演算性能を備えている。キロバイト，メガバイト程度の

データ量を保存するのがやっとだった記憶装置も，今ではその千倍，百万倍のギガバイト，テラバイト単位が当たり前になった。通信も高速化・無線化が進んだことで，ネットワーク上のどこにあるかもわからないクラウドにデータが保存され，サービスが提供されている。IoT（Internet of Things：モノのインターネット化）と呼ばれるようにインターネットにつながるのはパソコンやスマートフォンだけではなくなった。あらゆるモノに取り付けられたセンサーが情報を集め，インターネットを介して共有される。膨大なセンサーや私たちが日々のコミュニケーションで入力した情報はクラウドに蓄積され続け，人工知能が解析し，一人ひとりに最適なサービスを作り出す。

　便利さを享受する分には素晴らしいことばかりのように思われる。しかし，これらのテクノロジーはあまりに深く日常に浸透し，仕組みや考え方を理解することなく使えるブラックボックスと化してしまった。日々の情報のやりとりやコミュニケーションにどんなリスクが潜んでいるのかは，ますます見えづらくなった。一方で，情報やサービスを受け取る側ではなく，こうしたテクノロジーを生み出す側や，テクノロジーを活用して新たな商品やサービスを作り出す側に立つことが，グローバル社会の経済競争で勝ち残っていく鍵を握る。

　社会の情報化が進んだ結果，これまでにない利便性を手にした一方で，これまで必要とされてこなかった知識やスキル，モラルが要求されるようになった。情報社会を生き抜いていくために必要な力が情報活用能力であり，情報活用能力を育成する教育活動が情報教育である。

　情報教育の概念整理，教材や指導法の開発には，多くの教育工学分野の研究者が携わってきた。その歴史的な経緯や具体的な先行研究，得られた知見の数々は他章に譲るとして，本章では情報教育の現状について2016（平成28）年現在のスケッチをしておきたい。

## 2　情報活用能力の要素

　はじめに，情報活用能力がどのように定義されているか確認しておこう。前提として (1) 情報活用能力は複合的な能力であるとともに，(2) 時代によって

変わりうる概念であることを確認しておきたい。

　まず，情報活用能力の複合性について例を挙げる。情報を収集する際に必要な力には，情報検索の技法，収集された情報から適切に読み取ること，取捨選択など一連の学習課題に対応することが求められる。集めた情報をどう編集するか，さらに他者にどう伝えるかといったプロセスだけをみても個々に言えば別々のスキルであり，それらを束ねて問題解決に資することができる総体が情報活用能力だと言える。さらに，SNS 上で適切なコミュニケーションを図ることや，ネット上のさまざまなトラブルを回避してより良く活用するには，情報技術やそれが作り出す社会の仕組みを理解すること，他者を思いやり，自分を律していく資質が求められる。つまり，情報活用能力は，さまざまな情報手段を使いこなしながら学習を遂行するスキルであり，情報技術や社会に対する理解でもあり，情報社会の中で適切にふるまう態度でもある。

　情報社会の変化は前節で指摘した通りだが，技術や社会が変化し続けているために，そこで求められる知識や技能も自ずと変化する。「コンピュータ」が指し示すもののイメージは1990年代であればデスクトップ型のパソコンが，それ以前ならより大型のコンピュータがイメージされた。現在のノート型のパソコン，タブレット，そしてスマートフォン等は，根本の動作原理こそ同様であっても，アーキテクチャや使用されるデバイスはそれぞれ異なる。今後，量子コンピュータのように異なる動作原理に基づくコンピュータやニューラルネットワークを用いたディープラーニング（深層学習）が一般化すれば，前提となる知識も異なるものになるだろう。

　10年前（2006年），スマートフォンと呼ばれる端末はなかった。10年後（2026年）に今と同じようなスマートデバイスを私たちは利用しているだろうか。Facebook が国内で広まったのは2010年以降，LINE は2011年以降である。10年後に同じサービスを利用しているだろうか。SNS 上でのネットいじめや個人情報の流出など，今現在の喫緊の課題として対応すべきことはある。しかし，小学生が入学してから高校を卒業するまでの12年間を見据えるのであれば，LINE や Facebook の使い方を詳しく学ぶこと自体にさほど意味はない。これらのデバイスやサービスがどのような技術によって実現され，社会をどのよう

表序-1　情報活用能力の3観点と8要素

| 情報活用の実践力 | ・課題や目的に応じた情報手段の適切な活用<br>・必要な情報の主体的な収集・判断・表現・処理・創造<br>・受け手の状況などを踏まえた発信・伝達 |
|---|---|
| 情報の科学的な理解 | ・情報活用の基礎となる情報手段の特性の理解<br>・情報を適切に扱ったり，自らの情報活用を評価・改善するための基礎的な理論や方法の理解 |
| 情報社会に参画する態度 | ・社会生活の中で情報や情報技術が果たしている役割や及ぼしている影響の理解<br>・情報モラルの必要性や情報に対する責任<br>・望ましい情報社会の創造に参画しようとする態度 |

出典：文部科学省（2006）．

に変えていくのかを視野に入れながら適切なつきあい方を学ぶべきだろう。

　振り返ってみると，この10年だけでも「情報社会」が指し示す実像は随分と変化してきたことに気づかされる。一方で，「情報活用能力」の定義はこの10年，変化していない。文部科学省による最新の定義は「初等中等教育の情報教育に係る学習活動の具体的展開について」（2006〔平成18〕年8月）の報告書に書かれた「3観点8要素」である（表序-1）。2006（平成18）年は8要素に細分化されたタイミングであり，3観点自体が定義されたのは1997（平成9）年の「情報化の進展に対応した初等中等教育における情報教育の進展等に関する調査研究協力者会議」の第1次報告にまで遡る。20年近くにわたって通用する定義がなされたことは，小学校から高校まで，12年間のスパンで考えることが前提となる学校教育においては，その継続性・安定性を担保する上で，意義のあることだったと言える。

　とはいえ，諸外国をみてみると，こうした能力概念はキー・コンピテンシーや21世紀型スキル等，「新しい能力」（松下 2010）概念の登場に伴い，大きく変化している。たとえば，ISTE（International Society for Technology in Education：国際教育工学協会）が定義している，ISTE Standards for Students（他に for Teachers, for Administrators, for Coaches などがある）は，1998（平成10）年に定義された後，2007（平成19）年，2016（平成28）年と2回の改訂がなされた。大項目とコンセプトを表序-2に示す。1998年の定義は操作リテラシー，モラル

表序-2　ISTE Standards for Students の変遷

| 改訂時期 | 1998（NETS-S） | 2007 | 2016 |
|---|---|---|---|
| コンセプト | テクノロジーを活用するための学び | テクノロジーを学ぶために活用する | テクノロジーによって学びを変革する |
| 要素 | ・基本的な操作と概念<br>・社会的・倫理的・人的な事柄<br>・生産性を高める道具としてのテクノロジー<br>・コミュニケーションの道具としてのテクノロジー<br>・探究の道具としてのテクノロジー<br>・問題解決と意思決定の道具としてのテクノロジー | ・創造性と革新性<br>・コミュニケーションとコラボレーション<br>・リサーチと情報の活用<br>・批判的思考・問題解決・意思決定<br>・デジタル・シティズンシップ<br>・テクノロジーの操作と概念 | ・エンパワーされた学習者<br>・デジタル社会の市民<br>・知識を構成する人<br>・革新的なデザイナー<br>・計算論的に思考する人<br>・創造的にコミュニケーションする人<br>・グローバルに協働する人 |

出典：ISTE（1998, 2007, 2016）をもとに筆者が訳出.

に加えて，道具として生産性，コミュニケーション，探究，問題解決と4つの用途に整理されたものだった。2007年版では，創造性やコラボレーションなど，これから重要とされる学力観が取り込まれた。最新の2016年版では，操作スキルは項目からは取り除かれ，イノベーション，創造性，グローバルな協働といったより高次な学力をターゲットにしている。テクノロジーに対しては，活用する段階から計算論的思考（Computational Thinking）にみられるように考え方を理解し，問題解決に生かすレベルへと深化している。これからの社会を生きる学習者を想定した未来志向の要素へと，再定義が繰り返されてきたことがわかる。

## 3　情報教育の新たな展開に向けて

2013年には初めての全国的な調査として「情報活用能力調査」が実施された。全国の小学校5年生3,300名，中学2年生3,300名を対象とした抽出調査の形ではあるものの，CBT（Computer Based Testing）形式で実施されたことにより，

回答の正誤だけでなく，問題に対して回答するプロセスも含めた詳細な分析がなされた（文部科学省 2015a）。その結果，小学校段階ではローマ字入力によるタイピングが1分あたり平均5.9文字に留まり，十分な操作スキルが身についていないことが明らかになった。また，小学生・中学生に共通する課題として，Web のように複数の情報源から目的に応じて必要な情報を読み取り，相互に関連づけること，受け手の状況に応じて情報発信をすることなどに課題があるとされた。「情報活用能力育成のために」（文部科学省 2015b）には，同調査をもとに10の課題を設定し，さまざまな教科で情報活用能力を育成するための学習活動例が紹介されている。なお，同調査は高校生を対象に2015年に新たな調査が実施され，既存の小・中学生の実施結果と関連づけた分析が予定されており，その結果の公表が待たれるところである。

　2016年には，「小学校段階におけるプログラミング教育の在り方について（議論の取りまとめ）」が6月に公表された（文部科学省 2016a）。小学校からのプログラミング教育が平成30年実施予定の学習指導要領から取り入れられる。情報活用能力は「世の中の様々な事象を情報とその結びつきとして捉えて把握し，情報及び情報技術を適切かつ効果的に活用して，問題を発見・解決したり自分の考えを形成したりしていくために必要な資質・能力」と定義され，プログラミング的思考を含めてその育成が目指されることとなった。全国16の小・中・高校を対象に情報活用能力を系統的に育成することを目指す「情報教育推進校（IE-School）調査研究」も同年7月に公表され，各地で実践研究が進められている。

　これらの動きを受ける形で，2016年8月には中央教育審議会初等中等教育分科会教育課程部会が「次期学習指導要領等に向けたこれまでの審議のまとめについて（報告）」を公表した（文部科学省 2016b）。教科等を越えたすべての学習の基盤として育まれ活用される資質・能力に情報活用能力が位置づけられ，カリキュラム・マネジメントを通して体系的に育成する方向性が示された。高等学校情報科は従来の「情報の科学」「社会と情報」からの選択必履修から，情報の科学的な理解を重視した上で共通必履修科目「情報Ⅰ（仮称）」と，情報システムや多様なデータを適切かつ効果的に活用する力や情報コンテンツを創

造する力を育む選択科目「情報Ⅱ（仮称）」を設置するとした．

　情報社会の進展に対して，日本の情報教育は大きな転機を迎えつつある．本書は，新たな情報教育を迎える「前夜」として，これまでの研究成果を総括した．それとともに情報技術の進展，教育課程を巡る議論を見据えた「展望」を記した一冊でもある．

## 4　本書の構成

　本書は，情報教育・情報モラル教育に関する研究に従事してきた研究者による論文で構成されている．前半は，情報教育・情報モラル教育に関する研究領域の基盤とも言える情報活用能力に関する研究成果について扱う．それを踏まえ後半では，多様なかたちで展開されてきたいくつかの研究アプローチを取り上げ，本研究分野の広がりをとらえる．

　まず，情報教育・情報モラル教育がどのようなものとしてとらえられ，研究されてきたのか明らかにする．第1章では，初等中等教育における情報教育がどのように定義され，制度として学習指導要領に位置づけられてきたのか，その歴史を振り返る．また，調査研究の結果に触れ，実践研究の現状と課題を示す．そして，第2章では「情報活用の実践力」について，第3章では「情報の科学的な理解」について，第4章では「情報社会に参加する態度」について詳細に検討する．具体的には，これら情報活用能力の3観点が，それぞれどのように定義されてきたか確認した上で，教育工学の分野における先行研究や実践の動向をレビューすることによって学術的な蓄積を確認する．

　次に，こうした基盤となる研究を踏まえた上で「情報活用能力の評価」「カリキュラム」「メディア・リテラシー」「教材・システム」「教師の指導力」といった研究のアプローチについて論じる．第5章では，情報活用能力の評価について「学会における研究」「国内調査」「国際調査」といった異なるレベルの取組について検討する．第6章では，日本におけるカリキュラムの現状を確認した上で，「教育目標の分類」を観点として情報教育の具体的な指導事項を整理する．第7章では，メディア・リテラシーに関する研究を概観し，情報活用

能力に関する研究領域との関係について考察する。第8章では，これまで研究・開発されるとともに実際に活用されてきた情報教育・情報モラル教育を支援する教材・システムについて整理する。第9章では，情報活用能力を育てる教師の指導力に関する内容を確認するとともに，調査結果に基づいて，その実態や課題に言及する。

　最後に，第10章では，各章において論じられてきた多様な研究成果についてあらためて振り返り，総括を試みる。そして，それぞれの関連性を整理しながら，情報教育・情報モラル教育に関するこれからの研究のあり方について展望する。

## 参考文献

ISTE（1998）Technology Foundation Standards for students
　　https://www.iste.org/docs/pdfs/nets_for_students_1998_standards.pdf（2016年12月10日閲覧）
ISTE（2007）ISTE standards for students 2007
　　http://www.iste.org/standards/ standards/standards-for-students（2016年12月10日閲覧）
ISTE（2016）ISTE standards for students 2016
　　https://www.iste.org/standards/ standards/for-students-2016（2016年12月10日閲覧）
松下佳代（2010）『〈新しい能力〉は教育を変えるか——学力・リテラシー・コンピテンシー』ミネルヴァ書房．
文部省（1998）「情報化の進展に対応した初等中等教育における情報教育の進展等に関する調査研究協力者会議 最終報告」．
文部科学省（2006）「初等中等教育の情報教育に係る学習活動の具体的展開について」．
文部科学省（2015a）「情報活用能力調査（小・中学校）調査結果」（概要版）．
文部科学省（2015b）「情報活用能力育成のために」．
文部科学省（2016a）「小学校段階におけるプログラミング教育の在り方について」（議論の取りまとめ）．
　　http://www.mext.go.jp/b_menu/shingi/chousa/shotou/122/houkoku/1372522.htm（2016年12月10日閲覧）
文部科学省（2016b）「次期学習指導要領等に向けたこれまでの審議のまとめについて」（報告）．
　　http://www.mext.go.jp/b_menu/shingi/chukyo/chukyo3/004/gaiyou/1377051.htm（2016年12月10日閲覧）

# 第1章

# 情報教育の歴史と制度の確立

堀田龍也

## 1.1 はじめに

本章ではまず，初等中等教育における情報教育がどのように定義されてきたかについて示す。次に，小学校，中学校，高等学校においては，文部科学省が告示する学習指導要領によって教育課程の基準が示され教育内容が定められていることから，学習指導要領にどのように情報教育の教育内容が示されてきたかについて俯瞰し，その制度的な位置づけについて把握する。また，情報教育に関連する調査研究等の結果について示す。

なお，国による公表文書はほぼすべて元号で表記されていることから，本章での年号表記は原則として「元号（西暦）」のように示すこととする。

## 1.2 初等中等教育における情報教育の動向

### 1.2.1 情報教育の定義

① 臨時教育審議会

我が国の初等中等教育における情報化への対応は，昭和40年代後半に高等学校の専門教育（工業高校や商業高校等における教育）において情報処理教育が行われるようになったことに端を発している（文部科学省 2010）。

その後，昭和59（1984）年から始まった臨時教育審議会および昭和60（1985）年から始まった教育課程審議会，同じく昭和60（1985）年に発足した「情報化社会に対応する初等中等教育の在り方に関する調査研究協力者会議」において，将来の高度情報社会を生きる子どもたちに育成すべき能力の育成が検討された

（文部科学省 2010）。これが我が国における専門教育ではない情報教育の検討のスタートポイントと見ることができる。

臨時教育審議会は，昭和61（1986）年の第二次答申において「情報および情報手段を主体的に選択し活用していくための個人の基礎的な資質（情報活用能力）」を，読み・書き・算盤に並ぶ基礎・基本と位置づけた（文部科学省 2010）。これが「情報活用能力」の最初の定義となった。

② 情報化の進展に対応した初等中等教育における情報教育の推進等に関する調査研究協力者会議

平成8（1996）年に文部省（当時）が設置した「情報化の進展に対応した初等中等教育における情報教育の推進等に関する調査研究協力者会議」は，平成10（1998）年に「情報化の進展に対応した教育環境の実現に向けて」という報告書を提出した。この報告書は，教育の情報化に関する考え方の明確化を図ったものであり，その考え方が直後の教育課程審議会の答申や平成10（1998）年告示の学習指導要領の改訂に生かされた。

この報告書に至る過程にあたる平成9（1997）年に調査研究協力者会議が提出した「体系的な情報教育の実施に向けて」（第1次報告）において「情報教育とは情報活用能力を育成する教育である」と明記され，情報活用能力と情報教育の関係が規定された（文部省 1997）。また，情報活用能力は小・中・高の各教科等を通じて育成させるものであるとされた。情報活用能力の定義として以下の3つの観点が示された。

　A．情報活用の実践力

　　課題や目的に応じて情報手段を適切に活用することを含めて，必要な情報を主体的に収集・判断・表現・処理・創造し，受け手の状況などを踏まえて発信・伝達できる能力

　B．情報の科学的な理解

　　情報活用の基礎となる情報手段の特性の理解と，情報を適切に扱ったり，自らの情報活用を評価・改善するための基礎的な理論や方法の理解

　C．情報社会に参画する態度

社会生活の中で情報や情報技術が果たしている役割や及ぼしている影響を理解し，情報モラルの必要性や情報に対する責任について考え，望ましい情報社会の創造に参画しようとする態度

この3観点は相互に関連を図りながらバランスよく指導することが重要であるとされた。

### 1.2.2　学習指導要領にみる情報教育
① 平成元年告示の学習指導要領

平成元（1989）年に告示された学習指導要領（文部省 1989）において，中学校の技術・家庭科の技術分野に「情報基礎」が選択領域として新設され，義務教育段階に初めてコンピュータ等に関連する教育内容が導入されることとなった。また中・高の数学科や理科，社会科や家庭科等にも情報に関する内容が一部取り入れられた。小学校学習指導要領の総則には「コンピュータ等に慣れ親しませる」という記述がなされた。これらによって，児童生徒による情報活用能力の育成が，教育内容として教育課程に正式に位置づけられることとなった。また，そのための教育環境としてのICT整備が，中学校のコンピュータ教室を中心に進められた。

この学習指導要領における情報教育に関わる教育内容や教育環境の変化を学校現場にわかりやすく整理して示すための文書として，文部科学省は平成2（1990）年に「情報教育に関する手引」を発行した（文部省 1990）。

② 平成10年告示の学習指導要領

平成10（1998）年に告示（高等学校は翌年に告示）された学習指導要領（文部省 1998）では，中学校技術・家庭科の技術分野において「情報とコンピュータ」が必修領域となった。高等学校においては普通教科「情報」が新設され，「情報A」「情報B」「情報C」から1科目が選択必履修となった。小・中・高等学校で「総合的な学習の時間」が設置され，その学習課題の1つとして「情報」が例示された。各教科や総合的な学習の時間においてコンピュータや情報通信ネットワークの積極的な活用を図ることも示された。

この学習指導要領における情報教育に関する教育内容の位置づけを再整理するために，文部科学省は平成14（2002）年に「情報教育の実践と学校の情報化――新・情報教育に関する手引」（文部科学省 2002）を発行した。この手引では，平成9（1997）年に定義された情報教育について対応された。その後，総合的な学習の時間を中心に情報教育の実践が活気づいた。

③ 平成20年告示の学習指導要領
　平成20（2008）年の中央教育審議会答申において，「情報活用能力をはぐくむことは（中略）発表，記録，要約，報告といった知識・技能を活用して行う言語活動の基盤となる」という文言が盛り込まれたこと（文部科学省 2008a）や，ネットいじめや個人情報の流出などの情報化の影の影響が深刻になっていたことを背景として，同年に告示された学習指導要領（文部科学省 2008b）においては，各教科等の学習活動に情報教育に関わる記述が多く書き込まれることとなった。
　小学校学習指導要領の総則には，以前から存在していた「児童が情報手段に慣れ親しむ」という表現から，「コンピュータで文字を入力するなどの基本的な操作や情報モラルを身に付け，適切に活用できるようにするための学習活動を充実する」と改訂された。小学校学習指導要領解説には，小学校段階ではコンピュータ等に慣れ親しませることから始め，キーボードなどによる文字の入力，電子ファイルの保存・整理，インターネットの閲覧や電子メールの送受信などの基本的な操作を「確実に身に付けさせる」と記された。
　小学校国語科では，第5・6学年において「編集の仕方や記事の書き方に注意して新聞を読むこと」が，中学校国語科では，第2学年において「目的や状況に応じて，資料や機器などを効果的に活用して話すこと」「新聞やインターネット，学校図書館等の施設などを活用して得た情報を比較すること」と記された。
　中学校音楽科および美術科では，知的財産権や肖像権という用語が記された。中学校体育科保健分野では，情報機器の使用と健康との関わりについて記された。

情報教育に限らず，この学習指導要領における教育の情報化全般に関する考え方や位置付けを整理するために，文部科学省は平成22年（2010年）に「教育の情報化に関する手引」を策定し公表した（文部科学省 2010）。この手引の第4章「情報教育の体系的な推進」では，情報教育の目標と系統を整理した後に，各学校段階に期待される情報活用能力，これを身に付けさせるための学習活動などが多数例示された。

④ 平成29年告示学習指導要領

平成26（2014）年，文部科学大臣から中央教育審議会に諮問が行われた（文部科学省 2014a）。中央教育審議会では，審議の中間段階として平成27（2015）年に「論点整理」（文部科学省 2015a）を公表，平成28（2016）年には「審議のまとめ（案）」（文部科学省 2016a）を公表し，同年中に最終答申が公表された。

急速な情報化の発展や人工知能に見られるような技術革新が，生活や社会に大きく影響を与える時代を迎えるにあたり，「これからの時代に求められる資質・能力は，情報活用能力や課題解決能力なども含め，特定の教科等だけではなく，すべての教科等のつながりの中で育まれるものである」と記された。これを受けて，平成29（2017）年告示の学習指導要領においては，各教科等で情報教育につながる学習活動が従来以上に多く書き込まれた。

審議の途上においては，高等学校情報科においては，情報の科学的な理解に関する学習内容が多く含まれる科目である「情報の科学」を履修する生徒の割合が約2割に留まっていることが指摘され，これを改善するために，情報の科学的な理解を中心に置いた科目「情報Ⅰ」を設け必履修とすることが提言された。

## 1.3　初等中等教育における情報教育の現状と課題

### 1.3.1　情報活用能力の実態
① 国による調査

　文部科学省は，平成24（2012）年に，「情報活用能力調査に関する協力者会議」を設置した。この協力者会議において，情報活用能力に関する調査（以下，「情報活用能力調査」とする）の実施方針，結果の分析方針および活用方法等が検討された。問題作成や採点等に従事するために，情報活用能力に関する知見を有する研究者や教員から構成される問題作成等委員会が組織された。

　情報活用能力の3つの観点である，① 情報活用の実践力，② 情報の科学的な理解，③ 情報社会に参画する態度に関して，児童生徒の習得状況および問題点等に関する現状を把握するため，児童生徒への情報活用能力に関する問題による調査と学習状況に関する調査がコンピュータを使用した調査（Computer Based Testing）として実施された。調査に使用するコンピュータは国が準備して調査対象学校に持ち込んで設置し，オフライン環境で実施された。教員および学校を対象とする指導状況や情報通信環境の整備状況等については質問紙調査として実施された。

② 調査対象および時期

　調査時期は平成25（2013）年10月から平成26（2014）年1月であった。

　調査対象は，国公私立の小学校第5学年児童（116校3,343人）と中学校第2学年生徒（104校3,338人）であった。調査対象学校は，層化2段クラスター（集落）抽出によって定められ，教育委員会等の設置者を通して協力が依頼された。調査対象学校からは，当該学年の1学級のみが無作為抽出された。

　同時に行われた質問紙調査は，学校に対するものは校長が，教員に対するものについては，小学校においては調査対象学級の担任1名，中学校は調査対象学級の担任および各教科等の授業を担当している教員12名が質問紙調査の対象となった。

③ 調査問題

情報活用能力に関する問題による調査は，小中学校それぞれに対し，文字入力問題の大問0（小学校は小問1問，中学校は小問2問で構成）と，大問1〜大問8（各大問は小問4問で構成される）が用意された。これらは問題作成等委員会によって作成され，情報活用能力調査に関する協力者会議で専門的な見地から検討され，文部科学省の関係課および教科調査官等によって点検され，予備調査を経て問題が確定された。

各大問は，小学校においては，① 調べ方，② 読み取り，③ グラフ選択，④ 課題解決の提案，⑤ 発表の構想，⑥ スライド作成，⑦ メディアの特性理解，⑧ 集団との関わり，中学校においては，① 読み取り，② 整理・分析，③ グラフ作成，④ 課題解決の提案，⑤ スライド作成，⑥ メディアの特性理解，⑦ 情報技術の役割，⑧ 危険回避，のそれぞれ8種類が設定された。

また，「問題形式」として，① 選択式，② 答式，③ 記述式，④ 操作，の4種類を基本とし，実際の調査問題では，このうち2〜3種類の組み合わせによって解答する問題が用意された。

なお，調査問題の場面設定にあたっては，小・中学校ともに調査実施学年までに，各教科，道徳，外国語活動（小学校のみ），総合的な学習の時間，特別活動で想定される学習活動をはじめ，日常生活で遭遇すると思われる状況などが考慮された。

なお，今後継続的な調査の可能性もあることから，調査問題は一部のみの公表となった。

④ 調査方法

調査は，連続する2単位時間（小学校45分×2コマ，中学校50分×2コマ）で実施された。児童生徒が児童生徒用質問調査に回答する時間もこの時間に含まれた。

1コマ目には，ガイダンスの中で文字入力問題（大問0）が設定された。文字入力問題は，小学校は1問，中学校は2問実施された。

さらに各児童生徒は，2単位時間内で，大問8問のうち指定された4問に解

答した。出題の組み合わせは14通りあり，各児童生徒はコンピュータによって指定された出題に解答するため，隣席と異なる問題が提示された。

　各大問の解答時間は小学校15分，中学校17分であり，その時間が過ぎると解答が終わっていなくても自動的に終了し，振り返り質問，次の問題（大問）へと進むプログラムとなっていた。また，解答時間が余っていても，次の問題に進むと，原則として前の問題に戻って解答を変更することはできないものとした。

　児童生徒約6,600人の解答データについて，問題ごとに作成した解答類型に基づき，採点が実施された。

　問題形式のうち，選択式の問題の解答，ドラッグ＆ドロップ等の操作による解答については，プログラムによる自動採点とした。一方，問題形式のうち，短答式，記述式による解答およびスライド作成等の操作による解答は，採点者による目視採点が行われた。

　解答類型としては，問題ごとに，正答，準正答，誤答，無解答が設定された。

　採点結果のデータを利用し，評価対象者数，反応人数，反応率，正答者数，準正答者数，正答率，通過率，無解答率，通過小問数等の集計を行った。児童生徒用質問調査，教師用質問紙調査，学校用質問紙調査の集計も行われた。

⑤　調査結果

　調査結果については文部科学省（2015b）において公開されている。ここでは主な傾向について述べる。

　小学生については，整理された情報を読み取ることはできるが，複数のウェブページから目的に応じて特定の情報を見つけ出し関連づけるなど，情報の組合せによる判断に課題があった。自分に関する個人情報の保護については一定の理解が見られるが，他人の写真をインターネット上に無断公表するなど，他人の情報の取扱いについての理解に課題があった。中学生についても，ほぼ同様の傾向が見られた。

　ローマ字入力に関して，小学生については，濁音・半濁音，促音の組合せからなる単語の入力に時間を要している傾向が，中学生については，ひらがなと

アルファベットの入力切替えに時間を要している傾向が見られた。1分間当たりの文字入力数は，小学校で5.9文字，中学校で17.4文字に留まっており，文字入力が思考や表現を妨げてしまっている可能性が示唆された。

情報活用能力の問題による調査の平均得点の上位10％の学校群では，下位10％の学校群と比べて，児童生徒に自分の考えを表現させたり，情報を整理させたり，情報手段の特性に応じた伝達等を行わせるなどの授業の実施頻度が高い傾向が見られた。また，情報を収集したり，表やグラフを作成したり，発表するためのスライドや資料を作成するためにICTを活用させている頻度が高い傾向が見られた。

⑥ 調査結果の活用

平成29（2017）年告示予定の学習指導要領に情報活用能力調査の結果を反映させるために，結果公表の直後に中央教育審議会において報告され，審議の資料とされた。審議の結果，中央教育審議会の中間まとめである論点整理において，情報活用能力の育成については「情報の量のみならず質の変化が著しいことなども視野に入れた一層の充実」が求められるとし，次期学習指導要領の改訂に向けて，「幼児期に育まれた言葉による伝え合い等の基礎の上に，小・中・高等学校の各教科等を通じた情報活用能力について，（育成すべき資質・能力の）三つの柱に沿って明確化し，学校外の多様な教育活動とも連携しつつ，プログラミングや情報セキュリティをはじめとする情報モラルなどに関する学習活動の充実を発達段階に応じて図る」と記された。ここでいう育成すべき資質・能力の3つの柱とは，1）個別の知識・技能，2）思考力・判断力・表現力，3）学びに向かう力や人間性という形で三層に整理されて公表されたものであり，平成29（2017）年告示予定の学習指導要領の基本となる学力モデルである。

文部科学省は，情報活用能力調査の結果に基づいた現場教員向けのパンフレットを作成し配布したほか，高等学校の生徒を対象とした情報活用能力調査を平成28（2016）年に実施しており，同年中に公表した。

### 1.3.2 諸外国との比較

経済協力開発機構（OECD）では，PISA などの学力調査の国際比較を行っている。

平成23（2011）年に行われた国際成人力調査（PIAAC）では，我が国の成人は読解力，数的思考力の2分野において参加国中第1位であったが，「IT を活用した問題解決能力」は OECD 平均並みの10位であった（文部科学省 2013）。

平成25（2013）年に行われた国際教員指導環境調査（TALIS）では，各国の教員に対して調査を行ったところ，「生徒が課題や学級の活動に ICT を用いる」という項目において，我が国は参加国・参加地域の中で最下位であった（国立教育政策研究所 2014）。

これらの結果から，我が国の成人の学力は高い一方，これは ICT を活用することとあまり結びついていないこと，その傾向は中学校段階ですでに見られることが指摘できる。今後の社会において問題解決を行う場で ICT を活用することは常識的なことと想定されることから，これらの結果が児童生徒の学習方法のバリエーション不足を意味していることが示唆された。情報活用能力調査の結果と同様に，これらの国際調査の結果も中央教育審議会での審議の資料となった。

### 1.3.3 情報教育に関する教育課程開発

文部科学省は平成22（2010）年に「学校教育の情報化に関する懇談会」を設置し，翌年にその審議の結果として「教育の情報化ビジョン」が公表された（文部科学省 2011）。このビジョンでは，平成32（2020）年頃を目途に児童生徒1人1台の学習用情報端末の活用が想定されるとの前提に立ち，児童生徒が ICT の「基本的な操作方法の習得や基礎的な学習体験の機会を確保するために教育課程上まとまった時間の確保を検討すること」や「基礎的教材としてのデジタル版『情報活用ノート（仮称）』等を開発すること」などが示された。

これらの動きと並行して，総務省は平成22（2010）年から「フューチャースクール推進事業」をスタートした。全国から小学校10校，中学校8校，特別支援学校2校が指定され，全児童生徒に情報端末（当時はタブレット型 PC）を

持たせて授業で活用させ，主としてハード・インフラ等の技術面における実証研究を行い，その一連の成果は総務省によってガイドラインとして公表された（総務省 2013）。平成23（2011）年に文部科学省は「学びのイノベーション事業」において，総務省「フューチャースクール推進事業」の実証校に重ねて研究指定をし，「学習者用デジタル教科書」を用いた学習指導の実証実験をスタートさせた。授業形態等の知見に関する一連の成果は文部科学省によって実証研究報告書として公表された（文部科学省 2014b）。

　国による指定事業の他にも，児童生徒1人1台のタブレットPCがある学習環境を想定した実践研究が，佐賀県や東京都荒川区等をはじめとする地方自治体および学校単独の取り組みとして多く見られるようになった。

　文部科学省では，情報活用能力を中核的な能力目標とした教科等の設置のための研究開発学校を数年にわたって指定した（文部科学省 2014c）。平成22（2010）年度からの滋賀大学教育学部附属中学校による「情報の時間」，平成23（2011）年度からの京都教育大学附属桃山小学校による「メディア・コミュニケーション科」，平成24（2012）年度からの福岡教育大学附属久留米小学校による「情報科」，平成27（2015）年度からの宮城教育大学附属中学校による「技術・情報協働創成科」，お茶の水女子大学附属中学校による「コミュニケーション・デザイン科」などの研究が行われた。これらの研究開発学校では，情報教育の指導内容および指導方法のみならず，教育課程のあり方として検討を進め，学習指導要領に似た体裁で教育内容を整理して公表している。

### 1.3.4　情報教育に関する大学入学者選抜

　中央教育審議会は平成26（2014）年に「新しい時代にふさわしい高大接続の実現に向けた高等学校教育，大学教育，大学入学者選抜の一体的改革について」という答申を発表した（文部科学省 2014d）。この答申では「大学入学希望者学力評価テスト（仮称）」のあり方について示され，マスコミ等によって広く話題となった。新しい評価テストとして，「教科型」に加えて，現行の教科・科目の枠を越えた「思考力・判断力・表現力」を評価するため，「合教科・科目型」「総合型」の問題を組み合わせて出題することとし，そこで評価

される力のひとつに「問題発見・解決力」と並んで「情報活用能力」（情報を収集する力，情報を整理する力，情報を表現する力，情報を的確に伝達する力等を含む）を想定するとした。さらに，こうした問題の作問については，PISA 調査，全国学力・学習状況調査のB問題と並んで，文部科学省が実施した情報活用能力調査を取り上げ参考にするとした。

　これを受けて文部科学省は，平成27（2015）年に「高大接続システム改革会議」を発足させた。同会議が翌年に公表した最終報告において，平成36（2024）年度以降を目途に，「次期学習指導要領における教科「情報」に関する中央教育審議会の検討と連動しながら，適切な出題科目を設定し，情報と情報技術を問題の発見と解決に活用する諸能力を評価する」と明記された。また，同最終報告には，平成36（2024）年度から「CBT（Computer Based Testing）を実施することとし，現行学習指導要領の下での平成32〜35（2020〜2023）年度間については，CBT の試行に取り組む」と記された（文部科学省 2016b）。

　これらの動きは，大学受験レベルで情報活用能力の定着の程度を学力と見なすという方向を示しており，情報活用能力の育成がさらに期待されることを意味している。

### 1.3.5　情報教育に関する教員の指導力

　文部科学省は平成18（2006）年に「教員の ICT 活用指導力の基準の具体化・明確化に関する検討会」を発足させ，翌年に「教員の ICT 活用指導力の基準（チェックリスト）」を公表した（文部科学省 2007）。小学校版と中・高等学校版の２種類が策定され，それぞれ５つの大項目と，18のチェック項目から構成された。大項目のうち「C. 児童（生徒）の ICT 活用を指導する能力」に，児童生徒が ICT を活用した情報を収集，選択したり，文章や表，図などでまとめたり，わかりやすく発表したりするなどの指導ができるかどうかを問うチェック項目が置かれた。また「D. 情報モラルなどを指導する能力」に，情報の適切な判断や情報社会のルールの遵守に関する指導ができるかどうかを問うチェック項目が置かれた。

　このチェックリストは，平成19（2007）年より，毎年度末に全国の学校で調

査されることになり,「学校における教育の情報化の実態等に関する調査結果」の一部として経年による推移が公表されている。平成28（2016）年の結果によれば,「D. 情報モラルなどを指導する能力」は順調に推移しているのに対し,「C. 児童（生徒）の ICT 活用を指導する能力」に「わりにできる」「ややできる」と回答した割合は，他の項目と比較しても最も低い達成度となっており,今後の児童生徒１人１台情報端末の時代における情報教育に関する教員の指導力に懸念があることが指摘できる。

中央教育審議会教員養成部会では，平成27（2015）年に，その審議の中間まとめである「これからの学校教育を担う教員の資質能力の向上について」を公表した。児童生徒が学習の道具や環境として適切に ICT を用いて学習を進めることを教員が促す観点を含めた授業力の育成や，情報セキュリティ等を含めた情報モラルなどの情報活用能力の育成に資する指導に向けた教員養成，教員研修の必要性を指摘した（文部科学省 2015c）。

### 1.3.6　小学校段階におけるプログラミング教育

文部科学省は平成26（2014）年に「諸外国におけるプログラミング教育に関する調査研究」を実施し，翌年に調査結果を公表した（文部科学省 2015d）。この調査は，諸外国の義務教育を対象として，教育制度，教育内容，教科書などについて調べ，プログラミング教育の実態を調査したものであった。その結果，教育の情報化に関する先進諸国で，プログラミング教育を初等教育から導入しようとする動きが見られ，中でも英国（イングランド）では，平成26（2014）年から従来の教科「ICT」を新教科「Computing」に改変し，初等教育段階からプログラミングを教育内容として取り入れている。教科「Computing」の内容は，コンピュータサイエンス（CS），情報技術（IT），デジタルリテラシー（DL）の３分野からなり，小学校から中学・高等学校まで系統的に学習されている。

これらの調査結果を受け，文部科学省は平成28（2016）年に「小学校段階における論理的思考力や創造性，問題解決能力等の育成とプログラミング教育に関する有識者会議」を設置した。この有識者会議では，小学校段階でのプログ

ラミング教育について，我が国の小学校教育の強みを生かしつつ，中央教育審議会における議論を踏まえて検討することを目指して審議が行われた。

　有識者会議は同年中に議論の取りまとめとして「小学校段階におけるプログラミング教育の在り方について」を公表した（文部科学省 2016c）。ここでは，いわゆる Computational Thinking の考え方をもとにした「プログラミング的思考」を，実際のプログラミング体験を行いながら育むことを，小学校段階でのプログラミング教育の目的とし，「コーディングを覚えることが目的ではない」とした。さらにプログラミング的思考は「プログラミングに携わる職業を目指す子供たちだけではなく，どのような進路を選択しどのような職業に就くとしても，これからの時代において共通に求められる力である」とした。実際の運用にあたっては，民間企業や NPO 法人等に協力を仰ぐなど，官民連携して指導体制を整えていくとされた。

　この有識者会議による議論の結果は，中央教育審議会に引き継がれ，平成29（2017）年告示予定の学習指導要領に反映されることとなった。

## 1.4　情報教育の実践研究の現状と課題

### 1.4.1　情報活用能力の発達段階の明確化

　情報活用能力は広範な能力である。情報活用能力のひとつである「情報活用の実践力」は，人間の情報処理や学習に関する能力全般に及ぶ。「情報社会に参画する態度」は，望ましい情報社会の創造に参画しようとする態度を目指していることから，社会科における公民的資質や道徳などの学習指導のみならず，生徒指導との関連も深い。

　このように広範な能力として規定されている情報活用能力は，学年ごとの目標に細分化しにくく，学年における期待値を設定しにくい。1時間あるいは1単元の授業実践での変容を明確に示すことが難しく，情報活用能力を目標とした授業実践の成果が検討しにくい。

　これらを改善するために，情報活用能力を独自に細分化し各学年に位置付けて例示した上で，情報活用能力の育成に関するモデルカリキュラムをリンクし

た例があり（火曜の会 2010），情報教育の実践者には広く参照されている．

### 1.4.2 情報活用能力の測定評価法の確立

情報活用能力は広範な能力であり，測定や評価が難しい．そのため，情報活用能力を育成する授業実践の成否を確認することが難しい．どのような指導法が情報活用能力の育成に効果があったかを検討する際にも支障が生じる．これらのことから，学校現場で行われた授業実践を学術論文としてまとめることが難しく，実践研究としての蓄積や参照がされにくい状況がある．

高比良ほか（2001）は，情報活用の実践力の尺度を作成し，その信頼性および妥当性を検討している．また，奥木・古田（2005）は，学習場面を児童の問題解決過程に限定し，情報活用の実践力の尺度を開発している．高橋ほか（2008）は，小学生を対象とした情報活用能力のチェックリストを開発している．しかし現状では，これらの尺度が学校現場で広く活用されているとは言い難い．

### 1.4.3 情報教育に関する指導法の開発

各教科等で情報教育を行う場合，各教科等の固有の目標の達成と同時に，情報活用能力の育成も図ることとなり，目標が二重化することによる授業設計上の課題が生じる．

堀田（1996）は，情報教育を意図した授業の設計および実施についての事例を分析し，教員による指導方略の違いに言及している．木原ほか（2002）は，ICT を敬遠しがちなベテラン教員が，実際に情報教育を実践していく際の授業方策について検討している．小柳（2008）は，小・中学校の教員の ICT 活用指導力の向上を組織的に進めようとする際に，研修担当にどのような役割が求められるかについての事例研究を行っている．

### 1.4.4 情報教育に関する教材の開発

小学生向けのキーボード日本語入力学習のeラーニングシステムとしては「キーボー島アドベンチャー」（堀田・高橋 2005）が学校現場で広く普及してお

り，毎年約20万人の児童が活用している（堀田・高橋ほか 2011）。

　堀田（2006a, 2006b）は，小学校で独立教科「情報」が設置されると仮定し，その際に必要とされる教科書を小学校中学年と高学年に分けて作成し出版した。

　情報モラル教育に関する教材として，独立行政法人メディア教育開発センターが NTT ドコモと提携して開発した「春野家ケータイ物語」は，全国に無償配布され，小・中・高校等約１万3,000校から申込があった。この教材の開発モデルについては，Ishihara et al.（2009）に詳しく示されている。

### 1.4.5　情報教育に関するカリキュラムの開発

　小柳（2003）は，情報教育のカリキュラムの枠組みについて，リテラシー研究からその内容を再検討しようと試みている。酒井・南部（2006）は，児童の評価活動を基盤とした情報活用の実践力の育成プログラムを開発し評価している。このように，情報活用能力の一部に対して成果を明確にしたカリキュラム開発に関する学術的な成果はまだあまり多くない。

　学校現場に向けた指導事例については教育センターレベルでいくつかの取り組みが見られる。岡山県総合教育センター（2011）による「情報活用能力の基礎を養う授業モデルブックレット」では，情報活用の実践力の基礎を「集める力」「とらえる力」「まとめる力」「形にする力」「伝える力」「振り返る力」の６カテゴリーに整理し，発問や指示，学習活動を例示している。京都市総合教育センターカリキュラム開発支援センター（2011）は，情報活用の実践力を「ICT などを操作・活用する力」「課題を解決する力」に区別し，学年別に「情報教育スタンダード」を開発している。あわせて，情報活用の実践力の学年間の系統表，各教科等との関連表，評価基準表，授業時に用いる支援カードなどの教材を提供している。

　豊田（2005）は，中学校での「総合的な学習の時間」を中心に，各教科等で情報教育の指導を広げた事例等を整理している。このような中学校における情報教育に関するカリキュラムやその指導事例は，小学校と比較して極端に少ない現状がある。

　近接領域との越境的な取り組みとしては，塩谷・堀田（2007）が小学校段階

における図書館教育と情報教育を連携させたカリキュラムを開発し，塩谷・堀田（2009）によってそのガイドブックを開発している．

### 1.4.6　情報教育のための学習環境
野中（1993）は，コンピュータ導入の黎明期の小学校の ICT 環境の比較を通して，コンピュータ教室に集中配置している学習環境では，情報活用能力の育成につながりにくいことを指摘している．Inagaki et al.（2011）は，フューチャースクール推進事業における実践をもとに，児童生徒が情報端末を活用する6種類の学習場面を示している．

### 1.4.7　情報活用能力の概念の再整理
情報活用能力のひとつである「情報活用の実践力」は，上位概念である情報活用能力と用語が似ており，混同されやすいという現状がある．また，「情報の科学的な理解」は，既存の学問領域である情報科学と混同されやすい．このような用語による混乱も少なからず普及に困難を生じさせてきたと思われる．

そもそも今日用いられている情報活用能力の定義は，1998（平成10）年度に出された「情報化の進展に対応した教育環境の実現に向けて」（文部省 1998）によるものである．検討時からすでに約15年が経過しており，流れの速いこの分野における教育目標として再検討する余地がある．

［付記］
　本章は，以下の2つの論文が初出の原稿であり，これらの一部を整理・再構成し直したものである．
堀田龍也（2016）「初等中等教育における情報教育」『日本教育工学会論文誌』40(3)：131-142.
堀田龍也・黒上晴夫・野中陽一・小柳和喜雄・高橋純・豊田充崇・稲垣忠（2012）「小・中学校における情報教育の教育課程の現状と課題に関する一考察」『日本教育工学会研究報告集』JSET12-1：81-88.

## 参考文献

堀田龍也（1996）「情報教育を意図した授業の設計および実施についての事例研究」『日本教育工学会研究報告集』JET96-2：25-30.

堀田龍也編著（2006a）『わたしたちとじょうほう 3年4年』学習研究社.

堀田龍也編著（2006b）『私たちと情報 5年6年』学習研究社.

堀田龍也・高橋純（2005）「キーボー島アドベンチャー――検定機能を実装した小学生向け日本語キーボード入力学習システムの開発と評価」『日本教育工学会論文誌』29(3)：329-338.

堀田龍也・高橋純・大垣厚志・丸山圭介・鈴木広則（2011）「学習指導要領の移行措置期間中における『キーボー島アドベンチャー』の利用状況の分析」『日本教育工学会論文誌』35(Suppl.)：69-72.

Inagaki T., Nakagawa H., Murai M., Shimizu M., Nakahashi Y., Uchigaito T., Yamamoto T., Kurihara K and Futaki S. (2011) "What Do Interactive Whiteboards and Tablet PCs Bring to a Classroom?" Proceedings of ED-MEDIA 2011：406-411.

Ishihara K. Horita T., Sugimoto Y., Nasu H., Wada T., Fujiwara R and Sueyoshi E. (2009) "Development of Teaching Materials for Information Ethics Covering the Positive and Negative Aspects of Mobile Phones", Proceedings of ED-MEDIA 2009：22-31.

火曜の会（2010）「情報活用能力育成モデルカリキュラム Ver.1.0」
http://kayoo.org/（2016年10月1日閲覧）

木原俊行・堀田龍也・山内祐平・小柳和喜雄・三宅貴久子（2002）「ベテラン教師が情報教育を実践する際に有用となる授業方策――ある小学校教師の事例研究から」『日本教育工学会論文誌』26(3)：155-167.

国立教育政策研究所（2014）OECD 国際教員指導環境調査（TALIS）2013年調査結果の要約
http://www.nier.go.jp/kenkyukikaku/talis/imgs/talis2013_summary.pdf（2016年10月1日閲覧）

京都市総合教育センターカリキュラム開発支援センター（2011）「情報教育スタンダード（情報教育）――子どもの主体的な学びを実現させる ICT 活用の実際」.

文部科学省（2002）「情報教育の実践と学校の情報化――新・情報教育に関する手引」.
http://www.mext.go.jp/a_menu/shotou/zyouhou/020706.htm（2016年10月1日閲覧）

文部科学省（2008a）「幼稚園，小学校，中学校，高等学校及び特別支援学校の学習指導要領等の改善について（答申）」.
http://www.mext.go.jp/b_menu/shingi/chukyo/chukyo0/toushin/1216828.htm（2016年10月1日閲覧）

文部科学省（2008b）「平成20年告示学習指導要領」.
http://www.mext.go.jp/a_menu/shotou/new-cs/youryou/1356249.htm（2016年10月1日閲覧）

文部科学省（2010）「教育の情報化に関する手引」.
http://www.mext.go.jp/a_menu/shotou/zyouhou/1259413.htm（2016年10月1日閲覧）

文部科学省（2011）「「教育の情報化ビジョン」の公表について」.
　　http://www.mext.go.jp/b_menu/houdou/23/04/1305484.htm（2016年10月1日閲覧）
文部科学省（2013）「OECD 国際成人力調査 調査結果の概要」.
　　http://www.mext.go.jp/b_menu/toukei/data/Others/＿＿icsFiles/afieldfile/2013/11/07/1287165_1.pdf（2016年10月1日閲覧）
文部科学省（2014a）「初等中等教育における教育課程の基準等の在り方について（諮問）」.
　　http://www.mext.go.jp/b_menu/shingi/chukyo/chukyo0/toushin/1353440.htm（2016年10月1日閲覧）
文部科学省（2014b）「学びのイノベーション事業実証研究報告書」.
　　http://www.mext.go.jp/b_menu/shingi/chousa/shougai/030/toushin/1346504.htm（2016年10月1日閲覧）
文部科学省（2014c）「研究開発学校における取組について」.
　　http://www.mext.go.jp/component/b_menu/shingi/giji/＿＿icsFiles/afieldfile/2015/03/26/1355934_04.pdf（2016年10月1日閲覧）
文部科学省（2014d）「新しい時代にふさわしい高大接続の実現に向けた高等学校教育，大学教育，大学入学者選抜の一体的改革について（答申）」.
　　http://www.mext.go.jp/b_menu/shingi/chukyo/chukyo0/toushin/1354191.htm（2016年10月1日閲覧）
文部科学省（2015a）「教育課程企画特別部会における論点整理について（報告）」.
　　http://www.mext.go.jp/b_menu/shingi/chukyo/chukyo3/053/sonota/1361117.htm（2016年10月1日閲覧）
文部科学省（2015b）「情報活用能力調査の結果について」.
　　http://www.mext.go.jp/a_menu/shotou/zyouhou/1356188.htm（2016年10月1日閲覧）
文部科学省（2015c）「これからの学校教育を担う教員の資質能力の向上について（答申）」.
　　http://www.mext.go.jp/b_menu/shingi/chukyo/chukyo0/toushin/1365665.htm（2016年10月1日閲覧）
文部科学省（2015d）「諸外国におけるプログラミング教育に関する調査研究」.
　　http://jouhouka.mext.go.jp/school/programming_syogaikoku/programming_syogaikoku.html（2016年10月1日閲覧）
文部科学省（2016a）「次期学習指導要領等に向けたこれまでの審議まとめ（案）」.
　　http://www.mext.go.jp/b_menu/shingi/chukyo/chukyo3/053/siryo/＿＿icsFiles/afieldfile/2016/08/22/1376199_2_1.pdf（2016年10月1日閲覧）
文部科学省（2016b）「高大接続システム改革会議「最終報告」の公表について」.
　　http://www.mext.go.jp/b_menu/shingi/chousa/shougai/033/toushin/1369233.htm（2016年10月1日閲覧）
文部科学省（2016c）「小学校段階におけるプログラミング教育の在り方について（議論の取りまとめ）」.
　　http://www.mext.go.jp/b_menu/shingi/chousa/shotou/122/attach/1372525.htm（2016年10月1日閲覧）

文部省（1989）「平成元年告示学習指導要領」．
　http://www.mext.go.jp/a_menu/shotou/old-cs/index.htm（2016年10月1日閲覧）
文部省（1990）『情報教育に関する手引』ぎょうせい．
文部省（1997）「体系的な情報教育の実施に向けて（第1次報告）」．
　http://www.mext.go.jp/b_menu/shingi/chousa/shotou/002/toushin/971001.htm（2016年10月1日閲覧）
文部省（1998）「平成10年告示学習指導要領」．
　http://www.mext.go.jp/a_menu/shotou/cs/index.htm（2016年10月1日閲覧）
総務省（2013）フューチャースクール推進事業．
　http://www.soumu.go.jp/main_sosiki/joho_tsusin/kyouiku_joho-ka/future_school.html（2016年10月1日閲覧）
野中陽一（1993）「学校としての情報教育実践を考える——コンピュータが導入された小学校の事例分析から」『和歌山大学教育学部教育実践研究指導センター紀要』2：189-198．
岡山県総合教育センター（2011）情報活用能力の基礎を養う授業モデルブックレット．
奥木芳明・古田貴久（2005）「児童の問題解決過程における情報活用の実践力尺度の開発」『日本教育工学会論文誌』29(1)：69-78．
小柳和喜雄（2003）「情報教育の可能性をリテラシー研究から読み解く」『奈良教育大学紀要　人文・社会科学』52(1)：255-270．
小柳和喜雄（2008）「学校における教員のICT活用指導力向上研修に関する事例研究——研究主任の役割を中心に」『奈良教育大学紀要　人文・社会科学』57(1)：199-210．
酒井統康・南部昌敏（2006）「児童の評価活動を基盤とする情報活用の実践力育成プログラムの開発と評価」『日本教育工学会論文誌』30(3)：193-202．
塩谷京子・堀田龍也（2007）「小学校段階における図書館教育と情報教育を連携させたカリキュラムの開発と評価」『教育情報研究』23(3)：27-38．
塩谷京子・堀田龍也（2009）「小学生に情報活用スキルを習得させるためのガイドブックの開発と効果」『教育情報研究』24(4)：15-26．
高橋純・木原俊行・中山実・武田一則・桑山裕明・宇治橋祐之・佐藤知条（2008）「小学生向け情報活用能力のチェックリストの開発」『日本教育工学会研究報告集』JSET08-3：5-10．
高比良美詠子・坂元章・森津太子・坂元桂・足立にれか・鈴木佳苗・藤谷紀子・小林久美子・木村文香・波多野和彦・坂元昂（2001）「情報活用の実践力尺度の作成と信頼性および妥当性の検討」『日本教育工学会論文誌』24(4)：247-256．
豊田充崇（2005）『ICT活用で中学校の授業が変わる！——総合的な学力向上を目指すICT活用実践』高陵社書店．

# 第 2 章
# 情報活用の実践力

稲垣　忠

## 2.1　情報活用の実践力とは

　児童生徒の情報活用能力を育成することが情報教育の目的である。情報活用能力は「情報活用の実践力」「情報の科学的な理解」「情報社会に参画する態度」の 3 つから構成されている（文部科学省 2010）。本章では「情報活用の実践力」について，その定義をめぐる経緯を解説するとともに，教育工学分野における研究のレビューを試みる。

　「情報活用の実践力」が定義されたのは，平成 9（1997）年に公表された「情報化の進展に対応した初等中等教育における情報教育の推進等に関する調査研究協力者会議」第 1 次報告（文部省 1997）に遡る。それまで 4 つの観点から構成されていた情報活用能力に対し，特に「情報の判断，選択，整理，処理能力及び新たな情報の創造，伝達能力」と「基本的な操作能力」を統合するかたちで「情報活用の実践力」が次のように定義された。

> 課題や目的に応じて情報手段を適切に活用することを含めて，必要な情報を主体的に収集・判断・表現・処理・創造し，受け手の状況などを踏まえて発信・伝達できる能力

　さらに，平成 18（2006）年に公表された「初等中等教育の情報教育に係る学習活動の具体的展開について」（文部科学省 2006）では，3 観点をさらに分解した 8 要素が定義された。情報活用の実践力には次の 3 要素が含まれるとされた。

(1) 課題や目的に応じた情報手段の適切な活用
(2) 必要な情報の主体的な収集・判断・表現・処理・創造

(3) 受け手の状況などを踏まえた発信・伝達

　これら3つの要素は，児童生徒が主体的に課題解決に取り組むような学習活動を支えるスキルととらえることができる。(1)の「情報手段」には，コンピュータ等の ICT 機器に関して言えば，タイピングやソフトウェアの操作などの基礎的な技能が含まれる。ただし，操作技能を身につけるだけではなく，「課題や目的に応じて」とある。たとえば情報を収集する場面において，ウェブ上からの情報検索をするべきか，図書で調べるべきかといった情報手段の選択を適切に行えることが含まれる。

　(2)の「収集・判断・表現・処理・創造」は，課題解決の一連の流れである。情報を集め（収集），適切なものを選び出し（判断），比較や関連づけをしたり（表現），分類や分析したり（処理）することで，新しい意味や考えを生み出す（創造）。このように課題解決の流れを「情報」の観点からステップに分けてとらえる考え方は，図書館における情報教育（Information Education）に近い。たとえば桑田（2012）は，探究学習のステップとして「テーマを決めよう」「調べるポイントをしぼろう」「情報を集めよう」「情報を整理分析しよう」「論理的に表現しよう」「共有しふり返ろう」の6ステップのモデルを開発している。平成20（2008）年学習指導要領解説の「総合的な学習の時間編」には「課題の設定」「情報の収集」「整理・分析」「まとめ・表現」の4ステップが示されている。これらのモデルのように学習を課題解決のプロセスとしてとらえた際に，各段階に求められるスキルを身につけ，プロセス全体を計画・評価し，遂行できる力が情報活用の実践力と言える。

　(3)では情報の「受け手」や「場面」を設定し，適切かつ効果的な伝達手段を選択したり，表現内容を工夫したりする技能を指している。口頭での発表の仕方や，新聞にまとめるといった学習活動は国語科と共通する部分であるが，受け手や場面に応じて表現手段を選択することや，プレゼンテーション，ビデオ，ウェブページなど ICT を活用して表現することが含まれる。

　児童生徒が「情報活用の実践力」を身につけ，課題解決に取り組む姿（＝パフォーマンス）は想像しやすい。一方，身につけるべきスキルの幅は広く，抽象度もさまざまである。たとえば，タイピングや検索方法，発表の仕方といっ

たスキルは具体的に取り出して指導しやすいが，情報の判断・表現・処理といった力は，課題解決プロセスに位置づけて指導すべきものと考えられる。藤村（2008）は，この2つを区別し，情報教育を指導する際「鍛える授業」と「自ら学ぶ授業」の2つのスタイルがあるとした。

さらに，「情報の科学的な理解」と「情報社会に参画する態度」の2つの観点は独立したものではなく，相互に関連づけ，バランスよく身につけさせることが重要とされている。適切な情報手段を選択するには，「情報の科学的理解」に含まれる，さまざまな情報手段の特性の理解が伴っている必要がある。あるいは，情報を発信する際には，著作権や肖像権に配慮することや，選択した情報手段によって伝わり方，相手の受け止め方が異なることに気をつけるといった態度が伴うことが求められる。

## 2.2 学習指導要領上の位置づけ

「情報活用の実践力」は，学習指導要領上ではどのように位置づけられているのだろうか。平成20（2008）年および平成21（2009）年に告示された学習指導要領（文部科学省 2008, 2009）と「教育の情報化に関する手引」（文部科学省 2010）を手がかりに，その位置づけを検討する。

① 小 学 校

小学校段階では，情報活用能力の育成を主目的とした教科や時間は設定されていない。学習指導要領総則には「児童がコンピュータや情報通信ネットワークなどの情報手段に慣れ親しみ，コンピュータで文字を入力するなどの基本的な操作や情報モラルを身に付け」るとともに，情報手段を「適切に活用できるようにするための学習活動を充実する」とされている。3観点で言えば，「情報活用の実践力」の中では(1) 課題や目的に応じた情報手段の適切な活用と，「情報社会に参画する態度」として情報モラルが取り上げられている。情報モラルに関しては道徳と連携して指導するとされているが，基本的な操作に関しては教育課程に明確に位置づけられていない。

表2-1 小学校段階における情報活用の実践力と教科の関係

| レベル | 教科との関係 | 例 |
| --- | --- | --- |
| 課題解決のプロセス | (a)教科単元の流れと一致する | 社会科や国語の一部の単元 |
| | (b)教科のねらいに一部が含まれる | 統計処理，情報の整理・表現 |
| | (c)教科のねらいに含まれない | 情報手段の選択，新たな情報の創造 |
| 基礎的な技能 | (d)教科のねらいに含まれる | 社会科の調べ方や国語の発表の仕方 |
| | (e)教科のねらいに含まれない | タイピング，機器やソフトウェア操作 |

(2)必要な情報の主体的な収集・判断・表現・処理・創造，(3)受け手の状況などを踏まえた発信・伝達に関しては各教科・領域の中で指導するとされている。具体的には，国語科における言語の学習，社会科における資料の収集・活用・整理，算数科における数量や図形の学習，理科の観察・実験，総合的な学習の時間における情報の収集・整理・発信や日常生活・社会への影響を考えるなどの学習活動が想定されている。ただし，これらは当然のことながらそれぞれの教科・領域のねらいがある（表2-1）。(b)や(d)は教科のねらいと情報活用の実践力が重なるところであり，教科のねらいに即して指導することが，情報活用の実践力の育成につながる。(a)は該当単元が課題解決的である場合である。教科のねらいとあわせて，情報活用の実践力の観点からも，情報を収集・整理させたり，発信方法を考えさせることが求められる。(c)(e)は教科には位置づけられていないため，総合的な学習の時間を活用するなどして，体系的に指導することが求められる。

② 中 学 校

中学校では総則上の記述では「コンピュータや情報通信ネットワークなどの情報手段を適切かつ主体的，積極的に活用できるようにするための学習活動」と表現されている。「慣れ親しむ」「基本的な操作」といった段階は小学校で習得済みとして，「主体的，積極的に」情報手段を活用するとされている。情報活用の実践力の面からみると，新規の学習事項が設定されている訳ではなく，

その活用機会が増えることや，生徒の主体的な学習活動の中で発揮されることが期待されている。教科・領域との関連は小学校と同様とみなすことができる。なお，技術・家庭科の技術分野「情報に関する技術」があるが，情報の科学的な理解に関する学習を主としている。先の表2-1に示した(e)にあたるような基礎的な技能は，小学校段階で身につけていることが前提とされている。

③ 高 等 学 校
　高等学校では，総則上の記述は「情報手段を適切かつ実践的，主体的に活用できるようにするための学習活動」とされ，「積極的」が「実践的」へと変更された。中学校と同様に，新たに学習事項を増加させるのではなく，生徒の学習を支えるスキルとしてその質をより高めていくことが重視されている。また，共通教科情報は，従来の「情報A」「情報B」「情報C」から「情報の科学」と「社会と情報」に再編成された。「情報A」は「情報活用の実践力」の育成を主として設定されていた科目だが，小学校・中学校段階での情報活用の充実により削除された。結果的に，「情報活用の実践力」については，小学校・中学校と同様に各教科・領域の中で指導することとなった。

　以上のことから，学習指導要領上での「情報活用の実践力」の位置づけは，次の2点に特徴づけられる。すなわち，(1) すべての校種において総則上での記述に留まり，専門の教科や領域は設けられていない，(2) 教科のねらいに情報活用の実践力が含まれている場合や，教科・領域における児童生徒による主体的な課題解決のプロセスを充実させるために情報活用の実践力を発揮することが求められる場合がある。結果的に，情報活用の実践力は，教科を横断した学習活動を支えるスキルとして埋め込まれており，体系的な指導が困難な状況にある。平成18（2006）年に公表された「初等中等教育の情報教育に係る学習活動の具体的展開について」（文部科学省 2006）は，1つ前の学習指導要領を対象にしているが，3観点8要素と各教科での指導内容とを照らし合わせ，想定される学習活動がまとめられた。その内容は「教育の情報化に関する手引」に引きつがれ，第4章3節「情報活用能力を身につけさせるための学習活動」と

して再度整理がなされてきた。ただし，いずれも学習活動のリストであり，目標としての系統性や学習活動の評価基準として明確化されたものではない。さまざまな学習活動の際に情報を活用する機会を経験することで，次第に質を高めていく力として位置づけられていると言えるだろう。

## 2.3 情報活用の実践力に関する研究動向

日本教育工学会は，ここまで議論されてきた情報活用能力の定義やその体系化に際して，中心的な役割を担ってきた。文部科学省が公表した報告書や手引の執筆者には学会員が多く参画している。ここでは，学術論文等の研究成果としてどのような蓄積が進められてきたのか，レビューを試みる。
以下のような手続きで情報を収集した。

1. NII 学術情報ナビゲータ（CiNii）のデータベース上で「情報活用の実践力」をキーワードに検索を行った。
2. 2015年3月の時点で収集された177点の学術情報について，出版年，刊行物名を確認し，年次的な変化を検討した。
3. 同学術情報を，「定義」「評価」「カリキュラム」「指導法」「教材」「実践」「システム」のキーワードで分類し，特徴的な学術情報のレビューを行った。

### 2.3.1 情報活用の実践力に関する学術情報

図2-1に CiNii 上での「情報活用の実践力」に関する177件の学術情報件数の推移を示す（雑誌特集タイトルのみの場合や重複とみられた19点を除く）。なお，「情報活用能力」では840件，「情報モラル」では693件，「情報の科学的な理解」では49件，「情報社会に参画する態度」では46件だった。キーワードとしては情報活用能力により広範に集約されているとみられるが，ここでは「情報活用の実践力」の範囲でレビューを試みる。

平成13（2001）年に44本のピークがあるが，それ以外は平均して10件程度の件数がみられる。平成13（2001）年には専門誌「現代教育科学」の特集として

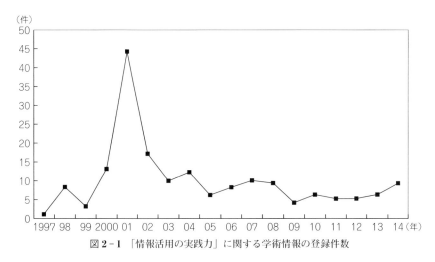

図2-1 「情報活用の実践力」に関する学術情報の登録件数

21本の記事が掲載されたことによるが，それを除いても件数は突出している。教育工学会では研究会報告に12本，教育工学雑誌（現在の日本教育工学会論文誌）に2本の論文が掲載されたことからも，この時期に集中的に研究が蓄積されたとみることができる。平成13（2001）年は，総合的な学習の時間の設置された平成10年学習指導要領の移行期であるとともに，多くの学校がインターネットに接続され，調べ学習やプレゼンテーションにコンピュータを利用する学習活動が盛んになった時期でもあった。その後，教科でのICT活用や校務の情報化，情報モラルへの対応など，教育の情報化の整理・体系化が進められてきた中で，情報教育は一定の関心を集めてきたと言える。

次に，177件の学術情報を出典ごとに分類したものを図2-2に示す。日本教育工学会の論文誌，研究報告，大会発表が28.8％を占めた。なお，日本教育工学会の学会Webサイト上で検索されるものはすべて本調査結果にも含まれている。次いで26.6％を占めた「教育専門誌」には，先の「現代教育科学」のほか，「学習情報研究」「教育展望」「初等教育資料」「中等教育資料」等が含まれる。「その他学会」は「教育システム情報学会」（5件），「コンピュータ利用教育協議会」（4件），「電子情報通信学会」（4件），「日本科学教育学会」（3件）など，情報教育に関連する分野に加え，教育心理学会（2件）や学校図書館学

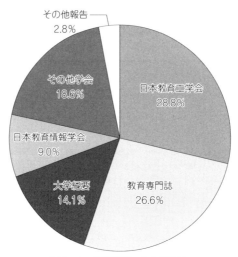

図2-2 学術情報の出典別割合

研究(1件),日本生涯教育学会(1件)による学術情報が確認された。以上のことから「情報活用の実践力」は,教育工学分野を中心としながらも他の隣接分野においても調査研究の対象となっている。また,教育専門誌においても広く取り上げられており,学力のひとつとして一定の認知を得ていると言えるだろう。

　次に,学術情報の内容ごとに8のカテゴリーを作成し(表2-2),それぞれの動向を整理した。最も多かったのは情報活用の実践力の育成を目指した授業の「実践」とその検証である。次の「調査」では,大学生等も対象にしながら,情報活用の実践力と他のスキルや概念との関係性を調査した。以後,このカテゴリーをベースに,日本教育工学会の情報を中心としたレビューを行う。なお,取り上げている文献には,「情報活用の実践力」をキーワードとした研究報告をもとに,学会論文誌に投稿された際にはキーワードが落ちているものの,論文中に該当する記述がみられるものも含めた。

ア：実践(55)

　情報活用の実践力の育成を企図した実践とその評価に関するものが分類の中

表2-2　学術情報のカテゴリー化

| 分類（件数） | 概　要 |
| --- | --- |
| ア：実践(55) | 授業実践とその評価検証 |
| イ：調査(41) | 教師や児童生徒を対象にした調査 |
| ウ：動向・提言(19) | 動向の整理や提言 |
| エ：授業設計(16) | 授業設計の要点整理やモデル提案 |
| オ：カリキュラム(16) | カリキュラムの開発・評価 |
| カ：評価(12) | 評価・測定手法の開発・実施 |
| キ：システム・教材開発(12) | システムや教材の開発・評価 |
| ク：教師教育・研修(6) | 教師の資質向上や教員研修 |

では最多となった。ただし，本データベースには収録されていないものの実際には，教育工学協会（JAET）が主催する全日本教育工学研究協議会の大会論文等には関連する報告が多数あることから，検索対象内で校種や教科の多少を論じることに意味はないだろう。それでも，55件の中には小中高すべての校種が含まれていた。教科・領域でも，国語，算数・数学，理科，社会科のほか，総合的な学習の時間，高校の共通教科情報，中学校の技術・家庭科など，情報活用の実践力があらゆる教科を通して育成すると定義された通りに，多様な教科・領域で実践が試みられている。

　酒井・南部（2006）による「児童の評価活動を基盤とする情報活用の実践力育成プログラムの開発と評価」を取り上げる。小学校6年生を対象に，総合的な学習の時間の単元「京都観光マップをつくろう」と国語科と総合を組み合わせた単元「ガイドブックの作成と発信」において，児童が協働して情報活用の実践力に関する評価基準を作成する学習活動を取り入れた。「小学校高学年用情報活用の実践力尺度用紙」を作成し，事前・事後・把持調査を実施した結果，本学習活動が問題発見・計画力や発信・伝達力の育成に有効だったことを明らかにしている。また，児童の記述には「情報の科学的理解」や「情報社会に参画する態度」とも関連する記述がみられたことや，国語科の目標と情報活用の実践力の関連性が高いことが確認された。

### イ：調査(41)

　児童・生徒や教員を対象に情報活用の実践力に関わる調査を実施した報告は

41件だった。学習者を対象としたものについては，情報活用の実践力それ自体の調査だけでなく，携帯電話の所持やインターネットの使用など，メディア環境との関連性を検討したものや，自己教育力やコミュニケーション力など他の能力との関係性を分析した調査がみられ，その対象は児童・生徒だけでなく大学生を対象にそれまでの学習経験と関連づけて分析するアプローチがみられた。他にも，中学校技術科や高校の共通教科情報の指導内容や教科書記述に関する分析などがみられた。また，本カテゴリーには日本教育工学会の論文誌に11本の論文が採録されていた。

　内藤ら（2001）による「学校におけるインターネットの活用が生徒の情報活用の実践力に及ぼす効果：中学生の準実験による評価研究」では，インターネットを活用している学校としていない学校とを対象にした情報活用の実践力の調査を実施した。指標には後述する高比良ら（2001）の尺度を用い，インターネット使用前2回，使用後1回の3回の調査を比較した結果，インターネットを活用している学校の方が，情報活用の実践力が高く，特に下位能力として収集力，判断力，処理力，発信・伝達力に伸びがみられたことを報告している。

　奥木・古田（2009）による「情報活用の実践力に見る児童および教師の問題解決過程の認識構造および評価の相違について」では，児童と教員を対象にした調査結果が報告されている。情報活用の実践力を育成する問題解決過程に着目し，情報活用の実践力尺度を用いた評定結果に対する因子分析を行った結果，教師の因子として「課題解決と実践」「情報の処理・発信」「情報の判断」の3つを抽出した。一方，児童では「発表する力」「まとめ・判断」「課題の理解」「データの整理」の4つの因子を抽出した。共分散構造分析による因子間の因果モデルを検証した結果，教師は個々の問題解決活動を結びつけて認識している一方，児童は活動間の関連性をあまり意識していないことを示唆する結果が報告されている。

ウ：動向・提言（19）

　情報活用の実践力の育成に関する動向や提言を行っているものは19件確認さ

れた。学習指導要領，中教審答申，「情報教育に関する手引」「教育の情報化に関する手引」等の文部科学省からの報告書等と結びつけて政策動向を解説したものや，インターネットや児童生徒用のコンピュータといった学習環境の整備と関連させたものが含まれる。

　永野（1998）の「情報活用の実践力としての情報教育とこれからの学習環境」では，情報教育がコンピュータを使った教育やコンピュータを使う力を身につける教育と同義ではないことを確認した上で，情報活用の実践力を育成する視点からコンピュータを学習にどう位置づけるかが述べられている。コンピュータを道具として扱えるようにするには，情報処理活動のすべてをコンピュータに代行させないこと，子どもが失敗しながら自分で評価・修正しながら学べる環境とすること，ネットワーク環境でのプロジェクト型の学習形態を採用すること，コンピュータ室だけでなく教室からインターネットに接続できるようにすること，行動目標にとらわれすぎない学習体験に基づいた評価を行うといった要件がまとめられている。

　中野（2007）は，高校教科「情報」を対象に（当時の）現状を報告している。「情報活用の実践力」は「情報の科学的な理解」「情報社会に参画する態度」と比べて，各教科で取り組むことや，すべての学校段階を通じて育成することが強調された「別格」の扱いだったことを示した上で，高校の普通教科「情報」では「情報活用の実践力」に重点を置いた「情報A」の履修が7割以上だったことを伝えている。専門教科「情報」や専門学科「情報科」の現状，大学入試における情報科の実施状況，教員養成・採用をめぐる問題と，幅広く動向が整理されている。

### エ：授業設計（**16**）

　情報活用の実践力を育てるための授業設計は，従来の教科指導における授業設計とどのような差異があるのだろうか。現行の学習指導要領では，各教科の中で情報活用の実践力を育成する必要があること，明確な系統性が示されていないこと（系統的に指導できる力ではないという考え方もある），課題解決のプロセスと教科単元とのマッチングなど，いくつかの点から異なるアプローチ

が求められると考えられる。

　木原ら（2002）の「ベテラン教師が情報教育を実践する際に有用となる授業方策ある小学校教師の事例研究から」は，5年以上情報教育に取り組んできたベテラン教師に対するインタビューおよび他の教員からの当該教員への評価とを組み合わせ，「情報教育実践史」の特徴を分析した。その結果，ベテラン教師がこれまで培ってきた授業方策を基盤にした「調和的態度」のもと，教師制御の強い指導場面と子ども主体の情報活用を組み合わせ，学校全体の情報教育のカリキュラムと連動させるため，情報化推進リーダーと連携した指導を重視していたことが明らかになった。

　笹原ら（2008）の「情報活用の実践力を活用した教科学習の授業設計と実践」では，情報活用の実践力を身につける11の小単元を開発した上で，教科学習でその力を活用できるようにするために，「付箋型授業」「フリップ型授業」「付箋フリップ型授業」の3つの展開例を設計した。その結果，学習内容に依存することなく複数の教科，単元において情報活用の実践力を活用する授業を短時間に実施できることが示されている。

### オ：カリキュラム（16）

　ここまで述べてきたように，「情報活用の実践力」は，一部の教科ではなくすべての教科を通して育成するクロスカリキュラム的なアプローチが求められる。日本教育工学会の研究報告集から，情報活用の実践力が最も注目された2001年当時のアプローチと，2011年の取り組みを取り上げる。

　中橋（2001）による「総合的学習の学びを開く「基礎技能講座」の分析と考察」では，総合的な学習の時間において，年度の前半に集中的に課題解決技能を身につける「基礎技能講座」を開発した。12の講座には，インタビューの仕方，アンケート作成・集計，情報検索，プレゼンテーションなどが含まれる。生徒への質問紙調査の結果，スキルの獲得とともに，その活用場面をイメージできていることを示す記述が確認された。

　木村・伊藤（2011）による「子どもの情報活用能力を体系的に育成するための情報教育スタンダード（京都市版）の開発」では，情報活用の実践力につい

てのルーブリック，各教科・単元との関連表，スキルの系統表，支援カード（課題解決プロセスごとに学習活動を想起できるイラストをまとめたもの），授業設計のマニュアルをパッケージにした「情報教育スタンダード」を開発した。教師が学習活動を設定する際の教科・単元ごとのガイドになるとともに，児童には支援カード上で単元ごとの活動を統合する手立てが用意された。

## カ：評価(12)

情報活用の実践力の評価には，大きく2つのアプローチがとられてきた。ひとつは，質問紙票による主観的な評価指標の策定であり，もうひとつは，パフォーマンス評価を実施するためのパフォーマンス課題の検討や，コンピュータ上での評価手法の開発である。

高比良ら (2001) による「情報活用の実践力尺度の作成と信頼性および妥当性の検討」は，情報活用の実践力を収集力，判断力，表現力，処理力，創造力，発信・表現力の6要素と定義し，58項目からなる実践力尺度を開発した。中学生および高校生を対象に本調査を実施した結果，インターネットの使用量が多いほど，情報活用の実践力が高いことが示唆された。また，コンピュータを使用した授業が多い高校生ほど，同様に情報活用の実践力が高いと評価された。

奥村ら (2008) の「児童生徒の操作履歴を基に自動採点を行う試験システムの開発」では，情報活用の実践力をコンピュータ上で評価するシステムが開発された。出題時には描画ソフトや表計算ソフトが表示され，その上でのコンピュータの操作履歴や解答結果が評価対象となり，自動採点される。

## キ：システム・教材開発(12)

情報活用の実践力の育成に着目したアプリケーションや教材の開発について取り上げる。情報活用の実践力には，コンピュータの基礎的な操作スキルと課題解決場面や発表・伝達場面で発揮される情報活用のスキルがある。

堀田・高橋 (2006) は，基礎的な操作スキルとしてタイピングに着目したウェブ上のシステムを開発した。本システムは5万名を超える児童が活用していることが示されるとともに，3年生から6年生の学習履歴を分析した結果，

キーボード入力の速さと正確さが向上し，本システムが備えている検定機能が有効だったことが示された。

　稲垣ら（2013）は，児童のメディア制作活動に着目したウェブ教材を開発した。プレゼンテーション，新聞，リーフレット，ビデオの4つのメディア制作について，情報の編集段階と伝達段階に観点と評価基準と基準を示す映像を収録した。児童対象の質問紙調査の結果，映像サンプルおよび説明が自らの作品の改善点の発見につながり，表現を工夫しようとしていたことが示された。

### ク：教師教育・研修（6）

　情報活用の実践力を指導できる教師に求められる資質・能力を明らかにする研究や，教員研修の開発などが，このカテゴリーに該当する。

　鎌田ら（2002）による「教師に求められる「情報活用の実践力」の検討：中学校国語科教師用チェックリストの開発」では，中学校国語科教員を対象に，情報教育を実践する上での不安要因の調査を行った。その結果，35項目にわたるチェックリストを作成し，参加型の教員研修を実施した結果，チェックリストの妥当性・信頼性を検証するとともに，新しい考えや方法を授業に取り入れたいとする肯定的な評価が得られたことが報告されている。

## 2.4　今後の研究課題

　子どもたちの主体的で，課題解決型の学びの基盤となる力として，情報活用の実践力については多様な研究が蓄積されてきた。次期学習指導要領の検討が進められている平成27（2015）年現在の時点で，情報活用の実践力の育成に関するいくつかの研究課題を整理しておく。

（1）教師と児童生徒に見えるカリキュラムモデルの確立
　情報活用の実践力は，すべての教科に埋め込まれる形で育成が目指されている。本章の表2-1で示したように，教科のねらいと情報活用の実践力の対応の仕方にはさまざまなレベルがある。教科指導の際，教師が意識しないまま情

報活用の実践力の育成に関連づけられる単元を指導すると，学習活動としては調べ学習やプレゼンテーションなどをしていても，実践力の観点からの指導はなされないままになる。

　児童生徒にとって，情報活用の実践力は主体的な課題解決を支える力である。にもかかわらず，教科単元の中で学習活動としては経験していても，そこで学ぶべき内容，身につけるべきスキルを統合し，自らの学びを切り拓く道具として意識することなく，活動の繰り返しにすぎなくなることが危惧される。つまり，教師からみても，児童生徒からみても，情報活用の実践力は「見えづらい力」に留まっている。木村・伊藤（2011）による情報の活用場面をカード化するアプローチのように，情報活用の実践力を見える形にし，教科単元を超えて指導の機会と，成長を実感できるようなカリキュラムモデルを開発する必要がある。

（2）学校現場で実施可能な評価手法の確立

　情報活用の実践力は，「実践力」と名づけられているように，具体的にその力を発揮する場面で評価するべきである。つまり，知識を測るようなペーパーテストよりも，実際にやってみるパフォーマンス評価が適している。文部科学省が実施した情報活用能力調査（文部科学省 2015）では，ペットボトルのふたの回収，ゴミの分別，修学旅行の見学コースづくりなど，具体的な課題解決場面を設定し，課題解決のプロセスに沿って小問が設定された。実施方法もコンピュータ上で出題される CBT（Computer Based Testing）形式をとり，表計算ソフトを操作したり，ウェブサイトを探索したりした上で解答した。一方で，学校現場で日常的に情報活用の実践力を評価するにはどのようにすればよいのだろうか。普段の学習活動とは別のパフォーマンス課題を課すには，作問にかかる時間・労力の面からみて困難だろう。むしろ普段の学習活動を適切な観点と基準で評価するルーブリックを蓄積，共有し，教科横断的に適用する方法が考えられる。稲垣ら（2013）は，メディア制作活動を対象に，学習者が評価基準を理解できるような文言とサンプルを提供しているが，学年に応じた体系的な評価基準は用意されていない。カリキュラムモデルとあわせた評価手段の開発が期待される。

（3）学習環境の変化への対応

「情報手段を適切に活用する」の情報手段は，コンピュータ以外にも図書，ポスターなど非デジタルの手段も含まれる。さらに近年では，タブレット等の学習者用の端末を活用する実践が広まりつつある。無線によるインターネット環境とともに，いつでもどこでも情報端末が使用できるようになれば，即座に検索に用いたり，カメラで取り込み，デジタル編集したりするなど，情報手段としての活用機会は飛躍的に高まる。「学びのイノベーション事業」報告書には，一斉，個別，協働のそれぞれの学習形態に応じた10種類の学習活動が例示されているが（文部科学省 2014），調査活動，表現・制作といった学習活動は，まさに情報活用の実践力の育成に直結する場面である。教科の指導改善の手段としての ICT 活用の面だけでなく，情報教育の充実という面からも，こうした学習環境を前提にした授業設計や，関連するコンテンツの充実が急がれる。

（4）「新しい能力」の中での位置づけの再検討

最後に，「情報活用の実践力」という能力そのものを今後どう位置づけていくかという問題である。キー・コンピテンシー，21世紀型能力など，「新しい能力」（松下 2010）が注目されている。黒上（2012）は，小学校段階の情報活用能力に着目し，情報手段による操作，コミュニケーション，思考の3つの情報活用の側面があることを指摘した。一方，国立教育政策研究所教育課程センター（2013）が提案した「21世紀型能力」には「情報スキル」が基礎力の一要素として挙げられている。ここでの「情報スキル」は，情報の検索，コミュニケーション，ICT を使った表現と情報モラルとされており，思考や課題解決プロセスはより上位の目標概念とされている。

「情報活用の実践力」は，これら新しい能力に関する議論に先駆ける形で，教科・領域を横断して育成すべき資質・能力として研究・実践されてきた日本独自の能力概念である。これまでの指導法やカリキュラム開発，能力評価についての知見は新しい能力を議論する上でも有用だと考えられる。一方で，資質・能力に対する教育課程全体の位置づけが再検討されており，PISA やATC21S 等，国際的な学力調査や能力概念との関係を含めて整理する必要がある（小柳 2013）。「情報活用の実践力」を含めた情報活用能力がどのような力

として教育課程に位置づけられていくべきなのか実証的な知見を示していくことは，教育工学が貢献できる役割のひとつと考えられる。

**参考文献**

藤村裕一（2008）「授業デザイン＆アチーブメント」中川一史・藤村裕一・木原俊行編著『情報教育マイスター入門』ぎょうせい：43-55.

堀田龍也・高橋純（2006）「キーボー島アドベンチャー——検定機能を実装した小学生向け日本語キーボード入力学習システムの開発と評価」『日本教育工学会論文誌』29(3)：329-338.

稲垣忠・亀井美穂子・寺嶋浩介・中橋雄・遠藤麻由美（2013）「Web 教材を用いた児童のメディア制作活動支援の分析」『日本教育工学会論文誌』37(Suppl.)：77-80.

鎌田恵子・石野正彦・小川亮（2002）「教師に求められる『情報活用の実践力』の検討——中学校国語科教師用チェックリストの開発」『日本教育工学雑誌』26(Suppl.)：265-270.

木原俊行・堀田龍也・山内祐平・小柳和喜雄・三宅貴久子（2002）「ベテラン教師が情報教育を実践する際に有用となる授業方策——ある小学校教師の事例研究から」『日本教育工学会論文誌』26(3)：155-167.

木村明憲・伊藤剛和（2011）「子どもの情報活用能力を体系的に育成するための情報教育スタンダード（京都市版）の開発」『日本教育工学会研究報告集』JSET12-3：5-12.

国立教育政策研究所教育課程センター（2013）「社会の変化に対応する資質や能力を育成する教育課程編成の基本原理」『教育課程の編成に関する基礎的研究報告書　5』国立教育政策研究所.

黒上晴夫（2012）「小学校における情報教育の位置づけについての展望」『教育メディア研究』19(1)：47-57.

桑田てるみ（2012）『中学生・高校生のための探究学習スキルワーク』全国学校図書館協議会.

松下佳代（2010）『〈新しい能力〉は教育を変えるか——学力・リテラシー・コンピテンシー』ミネルヴァ書房.

文部科学省（2006）「初等中等教育の情報教育に係る学習活動の具体的展開について」.

文部科学省（2008）「小学校学習指導要領」.

文部科学省（2009）「中学校学習指導要領」.

文部科学省（2008）「高等学校学習指導要領」.

文部科学省（2010）「教育の情報化に関する手引」.

文部科学省（2014）「学びのイノベーション事業実証研究報告書」.

文部科学省（2015）「情報活用能力調査の結果について」.
　http://www.mext.go.jp/a_menu/shotou/zyouhou/1356188.htm（2015年3月30日閲覧）

文部省（1997）「情報化の進展に対応した初等中等教育における情報教育の推進等に関する調査研究協力者会議」第1次報告.

永野和男（1998）「情報活用の実践力としての情報教育とこれからの学習環境」『日本教育工学雑誌』22(Suppl.)：21-24.

内藤まゆみ・坂元章・毛利瑞穂・木村文香・橿淵めぐみ他・小林久美子・安藤玲子・鈴木佳苗・足立にれか・高比良美詠子・坂元桂・加藤祥吾・坂元昂（2001）「学校におけるインターネットの活用が生徒の情報活用の実践力に及ぼす効果——中学生の準実験による評価研究」『日本教育工学雑誌』25(2)：63-72.

中橋雄（2001）「総合的学習を支える『課題解決技能』育成のカリキュラム」『日本教育工学雑誌』25(Suppl.)：199-204.

中野由章（2007）「高校教科『情報』の内容とその現状」『オペレーションズ・リサーチ：経営の科学』450-455.

奥木芳明・古田貴久（2009）「情報活用の実践力に見る児童および教師の問題解決過程の認識構造および評価の相違について」『日本教育工学会論文誌』32(2)：185-192.

奥村英樹・永野和男・辰己丈夫・伊藤剛和・小田典央（2008）「児童生徒の操作履歴を基に自動採点を行う試験システムの開発」『情報処理学会研究報告　コンピュータと教育』9-12.

小柳和喜雄（2013）「国際調査に見る ICT Literacy，21世紀型スキルに関する基礎研究」『奈良教育大学教育実践開発研究センター研究紀要』21：321-325.

酒井統康・南部昌敏（2006）「児童の評価活動を基盤とする情報活用の実践力育成プログラムの開発と評価」『日本教育工学会論文誌』30(3)：193-202.

笹原克彦・高橋純・堀田龍也（2008）「情報活用の実践力を活用した教科学習の授業設計と実践」『日本教育工学会研究報告集』JSET08-2：163-168.

高比良美詠子・坂元章・森津太子・坂元桂・足立にれか・鈴木佳苗・勝谷紀子・小林久美子・木村文香・波多野和彦・坂元昂（2001）「情報活用の実践力尺度の作成と信頼性および妥当性の検討」『日本教育工学雑誌』24(4)：247-256.

第 3 章

# 情報の科学的理解

村松浩幸

## 3.1 「情報の科学的な理解」とは

　ICT の急速な進歩に伴い，社会や日常生活の中でさまざまな情報システムや ICT 機器の使用が増加している。情報システムやデジタル機器等を適切に評価し，活用できるようにするためには，ICT の進歩が速いからこそ，操作等の実践的知識のみならず，ICT を構成する理論や原理についての理解も必要になってくると考えられる。すなわち，「情報活用能力」を構成する「情報活用の実践力」「情報の科学的な理解」「情報社会に参画する態度」の 3 つの能力の中でも，「情報の科学的な理解」の重要性は従来以上に高まってくると考えられる。

　「情報の科学的理解」とは，「情報活用の基礎となる情報手段の特性の理解と，情報を適切に扱ったり，自らの情報活用を評価・改善したりするための基礎的な理論や方法の理解」とされる（文部科学省 1997）。その内容例として，「情報の表現法，情報処理の方法，統計的見方・考え方やモデル化の方法，シミュレーション手法，人間の認知的特性，身近な情報技術の仕組み，情報手段の特性」が挙げられている。このことから，「情報の科学的理解」の内容としては，コンピュータや情報通信ネットワーク技術といった情報技術の基礎的な内容に加え，統計学や認知科学，認知心理学，さらには社会情報学に関する基礎的な内容も包含した幅広い内容ととらえられる。こうした「情報の科学的理解」の内容を学校段階毎に表 3-1 に示した。

　「情報の科学的理解」の親学問にあたると考えられる情報学では，その参照基準として，「情報学は，情報によって世界に意味・価値を与え秩序をもたら

表3-1　各学校段階における「情報の科学的理解」の概要

| | |
|---|---|
| 「情報活用の基礎となる情報手段の特性の理解」 | 情報伝達を行うための前提となる様々な知識のうち，各種情報手段に共通する特性（原理，仕組等）について扱う分類 |
| 情報を適切に扱ったり，自らの情報活用を評価・改善するための基礎的な理論や方法の理解 | 情報伝達を行う経験と情報学の基礎的理論，方法とを結びつける指導について扱う分類。「理論や方法」とは，「情報学の基礎的理論，方法」を念頭に置いている。 |
| 小学校段階 | 「情報活用の基礎となる情報手段の特性の理解」<br>・コンピュータなどの各部の名称や基本的な役割，インターネットの基本的な特性を理解<br>・情報手段を活用した学習活動の過程や成果を振り返ることを通して，自らの情報活用を評価・改善するための方法等を理解 |
| 中学校段階 | ・コンピュータの構成と基本的な情報処理の仕組み，情報通信ネットワークの構成，メディアの特徴と利用方法等，コンピュータを利用した計測・制御の基本的な仕組みを理解<br>・情報手段を活用した学習活動の過程や成果を振り返ることを通して，自らの情報活用を評価・改善するための方法等を理解 |
| 高等学校段階 | ・情報や情報手段の特性や役割の理解<br>・問題解決において情報や情報手段を実践的に活用するための科学的な見方や考え方として，手順や方法，結果の評価等に関する基本的な理論の理解 |

すことを目的に，情報の創造・生成・収集・表現・記録・認識・分析・変換・伝達に関わる原理と技術を探求する学問である」と定義している（萩谷 2014）。情報学として計算理論や計算機科学・工学，情報システム，情報理論，社会情報学などが内包されていることからも，情報学は，理系と文系にまたがる広い学問分野として認識されている。このように見ていくと，「情報の科学的理解」の内容が，計算機科学の基礎的内容に留まらずに幅広い内容として設定されていることは，学問的にも妥当であると考えられる。

「情報の科学的理解」の学習について，ガニエ（R. M. Gagne）の学習成果の5分類に当てはめて考えると，主たる学習成果は，その内容からも言語情報や知的技能が中心的になろう。しかし，「自らの情報活用を評価・改善するための方法等」を考えれば，「情報活用の実践力」とも関連し，認知的方略も含ま

れると考えられる．また，「情報や情報手段の特性や役割の理解」は，情報倫理との組み合わせで，「情報社会に参画する態度」とも関連し，態度も含まれると考えられる．

このように，「情報の科学的理解」の学習は，幅広い内容であると同時に，「情報活用の実践力」および「情報社会に参画する態度」とも相互に関連している．また，初等中等教育における情報教育は，情報技術の専門家を養成するためのものではないことから，ICT に関する知識を網羅的に教え込むことを目標とせず，体験的に理解を深めていく学習活動が求められる点も留意する必要がある．

## 3.2 「情報の科学的な理解」に関する研究動向

### 3.2.1 研究動向の量的分析

「情報の科学的な理解」に関する研究動向について，量的な分析を試みた．分析には，NII 学術情報ナビゲータ（CiNii）のデータベースを用いて，関連するキーワード検索による学術情報数を用いた．最初に，キーワードとして「情報の科学的な理解」で検索し，刊行物名を確認したところ，49件であった（2015年3月時点）．しかし，「情報の科学的な理解」に関する学術情報には「情報の科学的理解」等の異なる表記も散見されたことから，より広く収集するために「情報の科学的」と「理解」で AND 検索したところ78件が確認された．この中で，日本教育工学会での研究発表および論文は13件，そのうち論文は1件のみに留まった．同様に検索した「情報活用の実践力」では，日本教育工学会での研究発表および論文の57件，論文誌10件と比較すると，研究的に進んでいるとは言い難い状況である．

次に，「情報の科学的な理解」の内容に関わるキーワードとして，「プログラミング」「アルゴリズム」「モデル化」で検索をした．ただし，このキーワードのみでは情報教育以外の学術情報も多数含まれることから，「情報の科学的」「理解」と同様に，各キーワードに「情報教育」を付加して AND 検索をした．その結果，「プログラミング」「情報教育」で303件，「アルゴリズム」「情報教

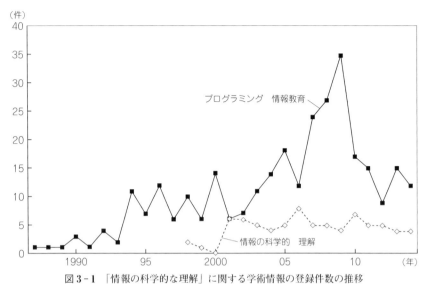

図3-1 「情報の科学的な理解」に関する学術情報の登録件数の推移

育」で79件,「モデル化」「情報教育」で32件の学術情報が確認された。「プログラミング」と「アルゴリズム」には重複する学術情報が多い。そこで,「情報の科学的」「理解」および「プログラミング」「情報教育」に関する学術情報の登録件数についての年次変化も確認した（図3-1）。「情報の科学的な理解」の定義がされたのは,前述のように1998年であるから,「情報の科学的」「理解」に関する研究はそれ以降に取り組まれ,毎年5件前後で推移している。一方,「プログラミング」「情報教育」については,1987年から確認され,年を追うごとに増加傾向にある。この中で,「情報の科学的な理解」を意識した研究も出てきている。以上のことから,「情報の科学的な理解」の研究は,「プログラミング」を中心に行われてきていると言える。

### 3.2.2 「情報の科学的な理解」の研究対象

次に,研究対象について概観する（表3-2）。「情報の科学的な理解」に関する研究は,「情報の科学的な理解」に関する教材や指導法の開発,教員研修法の開発等,教材・教育方法の研究に分類できる。「情報の科学的な理解」の教材・教育方法の研究についての学習理論としては,理論・原理や知識に関する

## 第3章 情報の科学的理解

表3-2 「情報の科学的理解」に関する研究分類

| 研究対象 | 教材・教育方法（教材や指導法の開発，教員研修法の開発）<br>教育実態（履修状況や教科書，学力，研修状況等の調査）<br>認知・思考（学習による認知や思考の変容） |
|---|---|
| 教育内容 | 理論・原理（情報科学の理論，原理の指導）<br>各種問題解決（実践・社会的課題への応用） |
| 教育方法 | アナログ的手段（コンピュータを使わない教育方法）<br>デジタル的手段（コンピュータを活用した教育方法） |

内容が多く，体系化されているため，行動論的アプローチや認知論的アプローチが主流である。教材・教育方法の研究については，教育内容としては，主として，情報科学の理論，原理である理論・原理および情報手段を実践・社会的課題へ応用する各種問題解決として取り組まれている。教育方法としては，コンピュータを使わないアナログ的手段とコンピュータを活用したデジタル的手段を単独または組み合わせで取り組まれている。各分類においてさまざまなアイデア，アプローチで試みられている。近年ではタブレット端末や安価なシングルボードコンピュータ等のデジタルデバイスの急速な進歩，さらには画像処理技術やブロック型，タイル型等の初心者向け教育用プログラム言語の進歩により，次々と新しい教材や指導法が開発されつつある。とりわけ，後述するプログラミングや制御系（ロボットを含む）の内容において，その傾向は顕著である。

　教育実態については「情報の科学的な理解」だけに限定されるものではないが，たとえば中学校での技術・家庭科技術分野（以下，技術科）におけるプログラミングの指導実態や，高等学校での共通教科情報科（以下，情報科）での「情報B」や「情報の科学」の履修状況等の調査の中で，「情報の科学的な理解」に関する教育実態が調査されている。「情報活用能力」の中でも，「情報の科学的な理解」の指導は，どの校種においても，「情報活用の実践力」や「情報社会に参画する態度」に比べて割合が少ない傾向にある。「情報の科学的な理解」の教育の改善を図るために，教育実態を把握することが重要である。また，「情報の科学的な理解」に直接関わる検定教科書としては，技術科と情報科の教科書があり，これら検定教科書の内容分析も試みられている。

### 3.2.3 「情報の科学的な理解」に関する学力の調査

　さらに，児童・生徒が「情報の科学的な理解」に関する学力や素養の実態を把握することも，研究上必要になってくる。たとえば，日韓中の3カ国の中学生および高校生を対象に，情報活用能力の3観点に対する習得意欲および情報関連用語に対する認知度を調査した結果，日本の中高生は，「情報の科学的な理解」に対する志向性が他の2観点に比べて相対的に低く，情報関連用語に対する認知度も韓国・中国に比べて最も低かったことが報告されている（本村ほか 2013）。

　こうした「情報の科学的な理解」に関わる学力調査は，国際的にも進みつつある。「情報活用能力」にも関わる国際的な学力調査としては，国際教育到達度評価学会（IEA）による国際コンピュータ・情報リテラシー（Computer and Information Literacy）調査がある。この調査では，コンピュータを用いる個人の能力を対象としており，「コンピュータ利用についての知識，理解」や「情報の管理」など，「情報の科学的な理解」に関わる内容が含まれている。また，21世紀型スキルとして注目されているATC21sでは，「デジタルネットワークを用いた学習」と「協働的な問題解決」の評価と教育方法を検討しているが，内容的には，「情報の科学的な理解」よりも，「情報活用の実践力」や「情報社会に参画する態度」との関連が深い（小柳 2013）。もちろんATC21sの目指す能力を習得するには，「情報の科学的な理解」の内容も必要となるであろう。

　「情報活用能力」にも関わる国際調査は進展しているが，我が国でも2013年度に，小・中学生を対象にコンピュータを用いた情報活用能力調査を実施している（文部科学省 2015）。この中には「情報の科学的な理解」に関する出題も含まれている。ただし，「情報手段の特性の理解」は対象としているが，「情報活用の評価・改善」はその測定の困難性により，調査されていない。調査の結果，「情報通信技術の特性の理解」として，「電子掲示板における情報の伝わり方や広がり方を理解している小学生は約7割，SNSにおける情報の拡散性を理解している中学生は約3割であった」であり，「小学生について，電子掲示板における情報の伝わり方や広がり方について理解している。また，中学生について，SNSの特性についての理解に課題が見られる」と分析されている。「情報

技術の特性」については,「掃除機の自動制御のアルゴリズムを示したフローチャートを作成することができた中学生は約2割であった。」ことから,「中学生について,自動制御に関する情報処理の手順についての理解に課題が見られる。」と分析されている。この調査により,「情報の科学的な理解」に関する実態が具体化されだしたことの意義は大きい。こうした調査を通じて「情報の科学的な理解」に関わる学力の状況を把握していくことは,実践や研究の進展のためにも重要である。なお,高等学校段階においては,大学入試に情報が出題されたことを想定し,「情報の科学」および「社会と情報」を対象として,情報の模擬試験が試みられている(佐久間・辰己 2014)。高等学校段階での「情報の科学的な理解」に関わる学力の状況の把握にもつながると考えられる。

もうひとつの研究対象が「情報の科学的な理解」の内容に対する認知・思考過程の解明である。これは主にプログラミングの研究の中で行われてきた。プログラミング学習を考える際に,そもそもプログラミングがどういう認知過程なのかを調べる必要が出てくる(三宅 1987)。こうしたプログラミングでの認知・思考過程に関する研究は1970年代に始まった。当初はパフォーマンスの研究が中心であったが,1980年代に入ると認知モデルに関する研究が増加した。

プログラミング学習の中での認知や思考過程の研究は,さまざまな視点,アプローチで行われてきている。後述するように,プログラミングに対する取り組み,取り分け,初等中等教育におけるプログラミングの導入は,世界的な動きになってきていることから,プログラム学習に関する研究の進展が期待される。

### 3.2.4 教育内容および教育方法に関する動向

教育内容については,大別すると,情報科学の理論,原理の指導に関する研究と実践・社会的課題への応用といった各種問題解決に関する内容に分けられる。特に理論・原理に関する内容については,教材化しやすいこともあり,多くの研究がなされている。各種問題解決に関する内容については,たとえば,プログラミングによる実践・社会的課題への応用等の等の実践や研究がなされている。また,その具体的な教育方法も,理論,原理については,アナログ的

図3-2　色を数で表す　　　　　　図3-3　みかんゲーム
出典：コンピュータサイエンスアンプラグド．http://csunplugged.jp/

手段または，デジタル的手段もしくはその両方が用いられる。各種問題解決については，プログラミングを中心としたデジタル的手段が中心である。

　理論・原理を教育内容として，アナログ的手段を用いた例として著名なのが，コンピュータサイエンスアンプラグド（Computer Science Unplugged，以下，CSアンプラグド）である。CSアンプラグドは，コンピュータを使わずに，情報科学を子どもたちにわかりやすく学ばせることを目的とした体験型の教育手法である（Bell et al. 2009）。国内でもCSアンプラグドのオンラインテキストが翻訳されたことにより，急速に広まり，小学校から大学に至るまで幅広く実践・研究されるようになっている。図3-2は，図形と符号化された数値の関連を考えたり，図を描いたりする演習で，ピクセル表現による画像の符号化を学習する教材例である。図3-3はデータ通信のパケットに見立てたみかんを送っていくことで，ネットワークのルーティングとデッドロックを学習する教材例である。また，CSアンプラグドの教材は，アナログ的手法であるが，その方法自体をデジタルコンテンツ化することも試みられている。なお，アナログ的手法としては，CSアンプラグド以外にもさまざまなアプローチがなされている。デジタル的手法としては，さまざまな研究がなされており，デジタルコンテンツも多数開発されている。たとえば，体系的かつ網羅的に開発されたデジタルコンテンツとして，「情報機器と情報社会の仕組み素材集」（http://kayoo.org/mext/johokiki　参照2015年3月）がある。こうしたデジタルコンテンツや各種教材をオープン化し，授業内で自由に使用できるようにすることは，

CS アンプラグドの例を見ても，「情報の科学的な理解」の実践や研究の進展に大きく寄与すると考えられる。また，ICT 活用の実践事例集等はインターネット上に複数見られるが，「情報の科学的な理解」に関するデジタルコンテンツや各種教材情報を収集・整理した教材データベースが構築されると有益であろう。

## 3.3 各学校段階での「情報の科学的な理解」に関する研究動向

### 3.3.1 小学校段階での「情報の科学的な理解」に関する研究動向

　小学校段階において，「情報の科学的な理解」についての内容は設定されているものの，「情報の科学的な理解」に関する実践や研究は数少ない状況にある。星名ら（2005）は，現職教員に対する調査に基づき，小学校情報科カリキュラムを検討している。この中で「情報の科学的な理解」については，低学年・中学年においては，一部教科に関連する視点を明示的に留め，高学年に新設する情報科において，「情報社会に参画する態度」と共に，体系的・集中的に指導することを提案している。また，堀田ら（2006）は，小学校段階における情報に関する内容の整理として，小学生向けのテキストを開発している。この中には「情報手段の特性の理解」「情報社会のしくみ」等，「情報の科学的な理解」に関する学習目標や内容が盛り込まれている。

　小学校段階における数少ない「情報の科学的な理解」の実践や研究は，プログラミングに関する内容が大半である。たとえば，森ら（2011）は，ブロック型のプログラミング言語である「Scratch」を用いて，小学4年生対象にプログラミングの実践を展開し，小学校段階においてもプログラミング実践が可能であることを報告している。プログラミング教育に注目が集まりつつある状況からも，小学校段階での教育用プログラミング言語を用いたプログラミング実践は，今後さらに広まっていくと考えられる。CG や音楽などの表現手段としてプログラミングが位置づけられる実践が多いが，この中に「情報の科学的な理解」についての内容や指導を，発達段階に応じて適切に埋め込んでいく必要がある。

小学校段階で「情報の科学的理解」について，プログラミング以外に扱った実践として，前述の CS アンプラグドが挙げられる。石塚ら（2015）は CS アンプラグドの中から「二進数」を取り上げ，小学生 4 年生以上の児童に対しての教育効果を確認している。プログラミングの実践と CS アンプラグドの手法を組み合わせていくことは，小学校段階における「情報の科学的理解」の指導の一つの方向であると考えられる。

### 3.3.2　中学校段階での「情報の科学的な理解」に関する研究動向

中学校での「情報の科学的理解」に関する学習の中心となるのは，技術・家庭科技術分野（技術科と略す）である。技術科での情報の学習は，1989年学習指導要領で設定された「情報基礎」領域に始まる。しかし，設定当初，「情報基礎」領域は学校選択とされ，内容的にもソフトウェアの基本操作が中心であった。その中でも，BASIC や LOGO でのプログラミングや，簡易言語による制御も試みられていたが，広く普及するには至っていなかった。1998年学習指導要領改訂では，「技術とものづくり」および「情報とコンピュータ」に再編され，情報の学習時間が技術科の授業時間の半分を占めるに至った。この時期，「情報の科学的理解」に関する内容については，コンピュータの基本的な機能や情報通信ネットワークについては必修であったものの，プログラミングや制御については，選択的内容に留まっていた。プログラミングや制御についての研究は多数試みられていたが，実践的に広がるには至らなかった。

こうした状況が大きく変化したのが，2008年の学習指導要領改訂である。従来の生活技術を中心とした内容構成から，社会との関わりを強く意識し，技術の評価・活用等，技術的素養を目指す内容構成に変わった。情報の学習は，「D 情報に関する技術」として位置づけられ，アプリケーションソフトの基本操作の学習が削除され，情報通信ネットワーク，ディジタル作品の設計・制作プログラムによる計測・制御の 3 つに整理された。制御系の学習が必修になったことで，従来は技術科の市場に参入していなかったさまざまな教材メーカーが，制御教材やプログラミング教材に取り組み始め，実践や研究も急速に進んだ。学校間格差はあるが，すべての中学生がプログラミングや制御について学

ぶことになった意義は大きい（村松 2009）。しかし，まだプログラミングや制御の実践は本格的に始まったばかりである。2013年の技術科の全国調査では，技術科の「D 情報に関する技術」の学習において，ディジタル作品の制作に関する時数で6時間以上をかける学校は6割近くになったのに対し，プログラミングによる計測と制御では，6時間以下が逆に6割を占めた。中には1時間以下という，ほとんど履修されていないと考えられる学校が15％ある点も大きな課題である（全日本技術・家庭科教育研究会 2014）。

　宮川ら（2008）は，中学校技術科でのプログラミングの授業におけるアプローチを，1）LOGO や BASIC などの従来の学習環境を維持する方法，2）オブジェクト指向言語を採用した方法，3）図や矢印（ブロックやタイル，フローチャートなど）でのプログラミング環境を採用した方法，4）イベントドリブン型プログラミング環境を採用した方法，の4つに整理している。この中でも，技術科においてプログラムによる計測と制御が必修化になった一方で，授業時間が限られていることから，教材各社が 3）に相当するブロックやタイル，さらにフローチャートによる簡易言語でロボット等のハードウェアを制御する教材を展開したこともあり，2010年以降は急速に，3）の簡易言語によるプログラミングが広まっていった。こうした簡易言語等でのアルゴリズムの説明や指導には，通常フローチャートを用いることが多いが，状態遷移図を用い，状態遷移の考え方を取り入れたプログラミング方法も試みられている（井戸坂ほか 2011）。

　プログラムによる計測と制御の学習における制御対象は，大別すると 1）ロボットカー，2）LED 制御，3）生活課題の3つに分類される（表3-3）。1）ロボットカー教材は，プログラムによる計測と制御の学習が必修になってから，急速に増加した。安価なものやカスタマイズ可能なものなど多種多様である。また，近年のプログラミング教育の普及と共に改良が進み，さまざまなアイデアが盛り込まれてきている。

　2）LED 制御教材は，生徒の個人教材として，製作と合わせて実践されることが多い。マイクロコンピュータを内蔵し，光等のセンサも活用しながら，点灯・点滅パターンをプログラムで制御する教材である。3）生活課題の教材は

表 3-3 技術科の主要なプログラムによる計測・制御教材

| 分類 | 教材例 |
|---|---|
| ロボットカー | コース走行，ライントレース，アイテム搬送車等 |
| LED | LED ライトの点灯・点滅制御 |
| 生活課題 | 自動ドアやエスカレータなどの身の回りの制御システム，課題を工夫したオリジナルの制御システム，植物工場制御等 |

多様である。自動ドアや信号機など，身の回りにある制御システムを模擬したり，アクチュエータと制御ボードを組み合わせ，オリジナルの制御システムを製作したりする実践等，多様に試みられている。萩嶺ら（2013）は，ロボットカーを題材として使用し，走行ゲームの課題条件に即して論理的に問題解決をする「走行ゲーム課題型」と，ホームオートメーションやエスカレータ等，現実の社会や生活という文脈をもち，モデルとなる製品の使用状況を課題条件とした問題解決をする「生活課題型」を比較している。調査の結果，「走行ゲーム課題型」に比べ「生活課題型」の方が，生徒らは学習後に計測・制御システムとしてとらえやすく，問題解決能力の形成感が促されやすい傾向があることを報告している。社会との関わりを重視する技術科の方向性からも，今後は「生活課題型」への実践や研究もさらに進んでいくと考えられる。

　以上のように，プログラムによる計測と制御の必修化による変化は大きいが，アプリケーションソフトの基本操作の学習が削除されたこともあり，情報通信ネットワークに関する内容等も従来以上に重要視されてきている。CS アンプラグド的な実践や研究もみられるようになってきている。しかしその一方で，技術科は，時数不足や免許外教員等の問題も抱えており，「情報の科学的理解」に関する学習の充実のためにも，こうした問題への対応が必要であると言える。

### 3.3.3　高等学校段階での「情報の科学的な理解」に関する研究動向

　高等学校では，古くから専門科において情報処理や情報技術として実践や研究がなされてきたが，普通科において情報の学習が始まったのは，2003年の共通教科情報科の設置による。この情報科が高等学校段階の情報教育を担っている。情報科の設置当初は，「情報A」「情報B」「情報C」の3科目で構成され，

各科目は学校により選択されていた。どの科目にも「情報の科学的理解」に関する内容は一定程度入っているが，その中でも「情報B」が「情報の科学的理解」に重点を置いた科目である。2013年からは，「社会と情報」「情報の科学」の2つに再編された。「情報の科学的理解」については，「情報の科学」に重点を置いた内容構成となっている。

　高等学校段階においても，「情報の科学的理解」に関わる研究や実践はさまざまに取り組まれている。たとえば，間辺ら（2013）は，CSアンプラグドを高校生にも適用し，その教育効果を検討している。また，岡本ら（2011）は，プログラミング教育とPBLを融合したカリキュラムで使用する教材を開発し，モデル化とシミュレーションを体験的に理解させるのに有効であると報告している。

　情報科の実態について，2008年に全国調査がなされている（小泉・佐藤 2009）。その中で，「情報の科学的理解」に関する内容の指導が積極的には行われていないという問題が指摘されている。また，コンピュータによる計測・制御，アルゴリズムとプログラミング，モデル化とシミュレーション等の指導が必ずしも十分ではなく，中学校の学習指導要領との接続性についての課題も指摘されている。これら指摘は，現在においても解消されているとは言い難い。特に，2008年の中学校学習指導要領改訂により，プログラムによる計測・制御を履修してきた生徒らを，情報科の中でどのように教育していくのかは重要な課題であり，従来以上に技術科と情報科の連携が必要になってくると考える。しかし，両者の連携は，試みられてはいるものの（日本産業技術教育学会ロボコン委員会 2014），まだ本格的に進んでいる段階には至っていない。系統的な「情報の科学的理解」に関する指導を進めるためにも，技術科と情報科の連携を実現していく必要がある。

## 3.4　プログラミング教育の動向

　情報化の進展による産業構造の変化を受けて，世界的にプログラミング教育，とりわけ，義務教育段階におけるプログラミング教育への注目が高まっている。

たとえば，英国では2014年9月より「Computing」科の中で，義務教育の最初からプログラムを教えることを開始した（Department for Education 2013）。同様の動きは先進国の中でも起きつつある。日本においても，小学校でのプログラミング教育の実践が従来以上に取り組まれるようになってきた。また，NPO等の学外団体がプログラミング教育を支援したり，社会教育としてプログラミングを子どもたちに教えたり，イベント的に子ども向けのプログラミングのワークショップを実施する事例も多数見受けられるようになってきた。

　このように注目されつつあるプログラミング教育の推進については，大別すると2つの考え方がある。ひとつは，産業構造の変化と共に，IT関係の技術者，労働者不足に対する懸念，危機感，さらにはイノベーションを生み出し，国際的な競争力を高める必要性等の論点に立脚した人材育成的な視点である。もうひとつは，情報化社会の中で必要となる新しい資質や能力として，創造性や問題解決力を伸ばすといった論点に立脚した教養教育的な視点である。情報活用能力を育成する情報教育においては，この教養的な視点で議論を進めるべきであろう。プログラミング教育の議論では，こうした異なる視点や論点が混在することも多く，確認・整理が必要である。

　近年のプログラミング教育が普及しだしたのは，社会情勢および教育施策によるが，内容的，実践的には教育用プログラミング言語等の進歩，普及と安価で使いやすいデジタル機器やマイコンボードの普及が大きい。

　教育用プログラム言語はパーソナルコンピュータ誕生と共に搭載されたBASICに始まる。しかし，BASICによるプログラミングは義務教育段階で広く普及するには至らなかった。その中で，1960年代にSeymore Papert（1980）によるLOGOが登場し，教育用プログラム言語の概念を大きく変えた。LOGOの登場以後，数多くの教育用プログラム言語が生み出されてきた。ブロックやタイルで命令を組み合わせるビジュアルプログラミングであったり，日本語での記述が可能であったりと，さまざまな工夫がされてきている。

　兼宗（2007）は，教育用プログラミング言語に求められる性質として，1）プログラム記述の工夫，2）適切なフィードバック，3）興味と達成感をもつ題材，の3つを挙げている。1）プログラム記述の工夫については，構文と編集

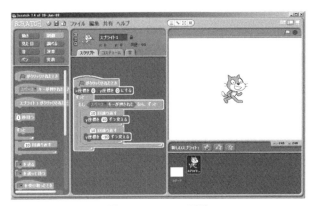

図 3-4　Scratch 画面

環境，オブジェクト指向，日本語での記述の 3 点を挙げている。プログラム記述の工夫が通常のプログラミング言語と比べた教育用プログラミング言語の最も大きな特徴であろう。2）適切なフィードバックでは，適切なリアルタイムのフィードバックとしてグラフィックスや音楽などが挙げられる。また，近年では，小型ロボット等，制御機器の進歩もあり，ハードウェアの制御が容易に行われるようになってきた。3）興味と達成感をもつ題材は，2）とも関連するが，これも近年のプログラミングの学習に対する取り組みの進展から，中高生のみならず，小学生向けを対象にしたプログラミングの書籍も増加し，子どもたちの興味を引きつける題材が工夫されている。

こうした教育用プログラム言語の中で，現段階で世界的に最も普及していると考えられるのが，Michel Resnick ら（2009）により開発された Scratch である。Scratch（図 3-4）は，ブロックを用いたビジュアルプログラミングを特徴とし，表現手段として位置づけられているプログラミング言語である。小中学校のみならず，高校や大学でも実践例が複数ある。こうした教育用プログラミング言語の進歩により，従来はプログラミング教育の対象外であった年齢層の子どもたちも実践できるようになり，プログラミングの普及に大きく寄与している。

教育用プログラミング言語と共に，プログラミング教育の普及を推し進めた要因が，ハードウェアの発達である。タブレット端末やスマートフォンに教育

用プログラミング言語が搭載されたり，ロボット等の制御ができるようになったりしてきた点は大きい。ビジュアルプログラミングは，タッチスクリーンでの操作にも適応しやすい。各種センサの活用で，さまざまな情報取得とフィードバックが可能になっている。ハードウェアの進歩でもうひとつ大きな点は，2012年に登場した Rasbery Pi に代表される極めて安価なシングルボードコンピュータが普及してきたことである。今後は同様に，安価だが高性能なハードウェアの開発・普及が進むと考えられる。

## 3.5 ま と め

ここまで，「情報の科学的理解」の内容の検討や研究分類，さらに各学校段階での実践や研究の動向，そしてプログラミング教育の動向をみてきた。現段階では，「情報の科学的理解」の指導は，技術科や情報科を中心に，それぞれ課題を抱えながらも進みつつある。その一方で，世界的な流れとしてプログラミング教育が注目を集めつつある。こうした動向を踏まえるならば，従来以上に「情報の科学的理解」の指導が必要になってきていると考えられる。そのためにも，前述の研究対象において分類したように，教材・教育方法と共に，教育実態や認知・思考に関する研究を積極的に進めていく必要がある。

**参考文献**

Bell, T., Alexander, J., Freeman, I., and Grimley, M. (2009) "Computer Science Unplugged : School Students Doing Real Computing Without Computers," *The NZ Journal of Applied Computing and Information Technology*, 13(1): 20-29.

Bell,T, Ian H.Witten and Mike Fellows（著），兼宗進（監訳）(2007)『コンピュータを使わない情報教育アンプラグドコンピュータサイエンス』イーテキスト研究所．

Department for Education (2013) "Computing," *The national curriculum in England ramework document*, 188-191.

萩嶺直孝・宮川洋一・森山潤 (2013)「中学校技術科『プログラムによる計測・制御』の学習における題材タイプの違いによる生徒の反応の差異」『日本産業技術教育学会誌』55(3): 181-190.

萩谷昌己 (2014)「情報学を定義する――情報学分野の参照基準」『情報処理』55(7): 734-743.

堀田龍也編著（2006）『わたしたちとじょうほう 3年 4年』『私たちと情報 5年 6年』学研.
星名由美・松田稔樹・八塚愛子（2005）「小学校情報科カリキュラムとその実施支援に関する教師の意識調査」『日本教育工学会論文誌』28(Suppl)：221-224.
石塚丈晴・兼宗進・堀田龍也（2015）「小学生に対するアンプラグドコンピュータサイエンス指導プログラムの実践と評価」『情報処理学会論文誌教育とコンピュータ』1(2)：19-27.
井戸坂幸男・青木浩幸・李元揆・久野靖・兼宗進（2011）「状態遷移概念を利用した制御プログラミングの学習効果」『日本産業技術教育学会誌』53(3)：179-187.
兼宗進（2007）「教育用プログラミング言語の動向」『情報処理』48(6)：589-593.
小泉力一・佐藤義弘,（2009）「全国アンケート調査で見る情報科教育の現状」『情報処理』50(10)：1005-1008.
宮川洋一・森山潤・松浦正史（2008）「『情報の科学的な理解』を問題解決的に育成するプログラミング教育の展望と課題——中学校技術科における実践研究の動向把握を通して」『学校教育学研究』20：79-89.
三宅なおみ（1987）「コンピュータを教える」『岩波講座 教育の方法 教育と機械』岩波書店：120-159.
文部科学省（1997）「情報化の進展に対応した教育環境の実現に向けて（情報化の進展に対応した初等中等教育における情報教育の推進等に関する調査研究協力者会議 第一次報告）」.
文部科学省（2015）「情報活用能力調査の結果について」.
http://www.mext.go.jp/a_menu/shotou/zyouhou/1356188.htm（2015年3月閲覧）
森秀樹・杉澤学・張海・前迫孝憲（2011）「Scratchを用いた小学校プログラミング授業の実践」『日本教育工学会論文誌』34(4)：387-394.
本村猛能・森山潤・山本利一（2013）「中学・高校生の情報活用能力の習得意欲及び情報関連用語に対する認知度に関する日韓中比較」『教育情報研究』日本教育情報学会学会誌, 28(4)：3-14.
村松浩幸（2009）「中学校技術科における教養としての制御学習の展望」『情報処理』50(10)：976-979.
日本産業技術教育学会ロボコン委員会（2014）第2回中学校・高校情報教育交流研究会報告『日本産業技術教育学会誌』56(1)：89-90.
小柳和喜雄（2013）「国際調査に見る ICT Literacy, 21世紀型スキルに関する基礎研究」『教育実践開発研究センター研究紀要』22：321-325.
岡本雅子・藤岡健史・喜多一（2011）「高等学校における問題解決型情報教育のためのエージェントベースシミュレーション教材の開発」『日本教育工学論文誌』35(Suppl.)：97-100.
Papert, S.（1980）*Mindstorms : Children, Computers, and Powerful Ideas*, Harvester Press. （シーモア・パパート（著），奥村貴世子（翻訳）（1982）『マインドストーム——子供, コンピューター, そして強力なアイデア』未来社.）
Resnick, Mitchel, John Maloney, Andres Monroy- Hernandez, Natalie Rusk, Evelyn East-

mond, and Karen Brennan (2009) "Scratch : Programming For All," *Communications of the ACM 52* (11): 60-67.
佐久間拓也・辰己丈夫（2014）「第 1 回大学情報入試全国模擬試験問題の紹介と解説・実施報告」『情報処理』55(4)：356-362.
全日本中学校技術・家庭科研究会研究調査部（2014）「平成25年度全国アンケート結果・考察」．
http://a jgika.ne.jp/doc/2014 enquete.pdf（2015年 3 月閲覧）

## 第4章
# 情報社会に参画する態度

長谷川元洋

　本章では，情報教育の3つの目標の一つである「情報社会に参画する態度」について，他の2つの目標との関連も含めて解説する。その後，情報活用能力テストの結果から，情報社会に参画する態度の教育実践上の課題について検討する。そして，情報化に伴って学校が直面している問題について考察し，これまでの教育工学における研究を概観し，今後を展望する。

## 4.1 「情報社会に参画する態度」の定義と 他の2つの目標との関係

　体系的な情報教育の実施に向けた検討結果をまとめた「情報化の進展に対応した初等中等教育における情報教育の推進等に関する調査研究協力者会議『第1次報告』」(文部科学省 1997)で示された情報教育の3つの目標(表4-1)の一つとして，「社会生活の中で情報や情報技術が果たしている役割や及ぼしている影響を理解し，情報モラルの必要性や情報に対する責任について考え」が示され，これを「情報社会に参画する態度」と略称した。
　この定義は，「『社会生活の中で情報や情報技術が果たしている役割や及ぼしている影響を理解』，『情報モラルの必要性や情報に対する責任』，『望ましい情報社会の創造に参画しようとする態度』の3つの要素に分けられる」(文部科学省 2010b)とされている。
　高等学校学習指導要領解説情報科編(文部科学省 2010a)では，共通教科情報科の目標を「情報及び情報技術を活用するための知識と技能を習得させ，情報

表4-1 情報教育の目標

> 1) 情報活用の実践力
> 　課題や目的に応じて情報手段を適切に活用することを含めて,必要な情報を主体的に収集・判断・表現・処理・創造し,受け手の状況などを踏まえて発信・伝達できる能力
> 2) 情報の科学的な理解
> 　情報活用の基礎となる情報手段の特性の理解と,情報を適切に扱ったり,自らの情報活用を評価・改善するための基礎的な理論や方法の理解
> 3) 情報社会に参画する態度
> 　社会生活の中で情報や情報技術が果たしている役割や及ぼしている影響を理解し,情報モラルの必要性や情報に対する責任について考え,望ましい情報社会の創造に参画しようとする態度

出典:文部科学省(2010b).

に関する科学的な見方や考え方を養うとともに,社会の中で情報及び情報技術が果たしている役割や影響を理解させ,社会の情報化の進展に主体的に対応できる能力と態度を育てる」としている。これは,高等学校情報科の目標であることから,初等中等教育の情報教育の最終目標であるとも言える。

これの「社会の中で情報及び情報技術が果たしている役割や影響を理解させ」は,「情報社会に参画する態度」の育成に対応しており,「情報通信ネットワーク上のルールやマナー,危険回避,人権侵害,著作権等の知的財産の保護等の情報及び情報技術を適切に扱うための知識と技能を習得させる指導」が指導内容として示されている。

そして,「情報及び情報技術を適切に活用するためには,社会の中で情報及び情報技術が果たしている役割や影響を理解させ,それらに適切に対処できるようにすることが必須であり,情報及び情報技術を活用した実践を豊富に体験することやその反省を通して情報社会に参画する態度が育成される」としている。

これは,「情報社会に参画する態度」に,他の2つの目標である「情報活用の実践力」と「情報の科学的な理解」と関連させながら,指導する必要があることを指摘している。情報や情報技術が果たしている役割や影響を理解するためには,社会の中で情報がどのように活用されているかを理解するとともに,情報手段やディジタルデータの特性,情報の内容から,情報システムの障害の発生や情報の公開が社会や個人に与える影響を理解する必要があることが,そ

の理由として挙げられる。さらに，3つの目標をバランスよく身につけさせることで，最終目標である「社会の情報化の進展に主体的に対応できる能力と態度」を育てることができるとしている。

## 4.2 情報モラルの定義

「情報社会に参画する態度」の定義の中で使われている「情報モラル」とは，「『情報社会で適正に活動するための基となる考え方や態度』のことであり（小学校，中学校，高等学校及び特別支援学校の学習指導要領解説総則編及び道徳編），その範囲は，『他者への影響を考え，人権，知的財産権など自他の権利を尊重し情報社会での行動に責任をもつこと』，『危険回避など情報を正しく安全に利用できること』，『コンピュータなどの情報機器の使用による健康とのかかわりを理解すること』など多岐にわたっている」と述べられている。そして，「情報社会やネットワーク社会の特性の一側面として影の部分を理解した上で，よりよいコミュニケーションや人と人との関係づくりのために，今後も変化を続けていくであろう情報手段をいかに上手に賢く使っていくか，そのための判断力や心構えを身に付けさせる教育であることをまず念頭に置くことが極めて重要である」と述べられている（文部科学省 2010a）。

つまり，ネット利用の問題点に関することがらを取り上げるだけではなく，他者への影響や情報に関する法律等にも触れるとともに，情報手段を有効に活用していくための判断力や心構え等を養うことまでを目標にして指導を行う必要があるとしている。

## 4.3 「情報社会に参画する態度」に関する教育実践上の課題
―― 情報活用能力調査の結果から

文部科学省（2015）は，平成25（2013）年10月から平成26（2014）年1月に，我が国最初の情報活用能力調査を実施し，平成27（2015）年3月24日に情報活用能力調査の結果を公表した。この結果をもとに，「情報社会に参画する態度」

表4-2 児童生徒の情報活用能力に関する傾向

> ① 小学生について，整理された情報を読み取ることはできるが，複数のウェブページから目的に応じて，特定の情報を見つけ出し，関連付けることに課題がある。
> また，情報を整理し，解釈することや受け手の状況に応じて情報発信することに課題がある。
> ② 中学生について，整理された情報を読み取ることはできるが，複数のウェブページから目的に応じて，特定の情報を見つけ出し，関連付けることに課題がある。
> また，一覧表示された情報を整理・解釈することはできるが，複数ウェブページの情報を整理・解釈することや，受け手の状況に応じて情報発信することに課題がある。
> ③ 小学生については，自分に関する個人情報の保護について理解しているが，他人の写真をインターネット上に無断公表するなどの他人の情報の取扱いについての理解に課題がある。
> 中学生については，不正請求メールの危険性への対処についての理解に課題がある。

出典：文部科学省（2015）.

に関する教育実践上の課題について述べる。

「児童生徒の情報活用能力に関する傾向」として，表4-2のように報告され，小学生，中学生ともに，「受け手の状況に応じて情報発信することに課題がある」とされている。

そして，「③ 小学生については，自分に関する個人情報の保護について理解しているが，他人の写真をインターネット上に無断公表するなどの他人の情報の取扱いについての理解に課題がある。中学生については，不正請求メールの危険性への対処についての理解に課題がある」とされている。これらの課題は，「他者を意識した情報の送受信」に関するものである点で共通していると考えられる。

「③」の課題は，「記述式問題等において正答の条件のうち一部を満たしているもの」を準正答として，正答と合計した割合である「通過率」の低かった小学校，中学校それぞれの下位5問に含まれている，「情報社会に参画する態度」に関連する問題の内容から導き出されている。小学校の問題において，通過率が12.8％であり，順位が下から2番目の問題は「D7S2（ブログ小問2） C1 役割や影響の理解」（図4-1）である。また，中学校の問題において，通過率が21.2％であり，順位が下から5番目の問題は「D8S3（不正請求小問3） C2 情報モラル」（図4-2）である。

第 4 章　情報社会に参画する態度

図 4-1　D7S2（ブログ小問 2）C1-1 情報・情報技術の役割や影響の理解
出典：文部科学省（2015）．

　小学校のこの問題は，6 つの選択肢の中から「みかさんのブログの中で，心配に感じる記事」をすべて選ばせるものである。正解の選択肢のそれぞれを選択した者の割合（％）は，「選択肢 3　住所を教えて欲しいという見知らぬ他人からの書き込み 47.6％」，「選択肢 4　他人の写った写真の取扱い 41.2％」，「選択肢 5　個人情報（学校名，学級名及び出席番号）の取扱い 73.0％」となっている。このことから，自分の個人情報を公開することについては慎重にすべきであると考えているのに対し，個人が識別できる他人の写った写真や，個人情報を聞き出そうとする他者からのコメントについて心配することが少ないことが示されている。

　警察庁（2015）が毎年公表している出会い系サイトおよびコミュニティサイトで被害にあった児童数や被疑者への聞き取り結果のデータでは，被疑者は児

D8S3 不正請求 （通過率 21.2%）

小問3 C2-1ルールやマナーの必要性の理解 C2情報モラル

問3 幸子さんは、「満足度No.1 絵文字ダウンロード」に登録し、絵文字をダウンロードしました。
数か月後、右のようなメールが届きました。

幸子さんが取るべき行動として、不適切なものはどれですか。メールを下まで見て、下の1から5までの中から全て選びましょう。

☐1 このメールに返信する。
☐2 保護者に相談をする。
☐3 問い合わせ先に電話して、抗議（こうぎ）する。
☐4 入金後、URLから退会手続きをする。
☐5 消費生活センターに問合せをする。

日時 2/18 20:18
送信者 xxxxxxx.xxx@xxxxxx
件名 絵文字会員費用について

当サイトの利用料金が未納となっております。（ダウンロードは無料となっておりますが、会員費用はかかります。）

1週間以内に利用料金 28,000 円を以下の振込（ふりこみ）先に入金してください。

** 銀行 ** 支店
xxxxxxxxxx

ご利用の携帯電話の個体識別番号は 0a1b2c3 です。□入金が無い場合は、法的処置に移行します。

入金後、下記 URL から退会することができます。
http://www.xxxxxxxxxxx.xxxxxxxxx

問合せ先
03-xxxx-xxxx

正答：選択肢1、選択肢3、選択肢4

図4-2 D8S3（不正請求小問3）C2-1 ルールやマナーの必要性の理解
出典：文部科学省（2015）．

童のプロフィールを確認できるサイトを選んでいるケースが多いことや、児童とメール等で直接やり取りして犯行に及んでいることがわかる（警察庁 2015）。児童が、自ら危険を回避したり、他人に危険が及ぶ可能性を生じさせないようにしたりできるようにするためには、自他の個人情報の公開の可否に関する判断力や、ネット上でのコミュニケーションのリスク管理能力を育成することが必要である。

しかし、学校内部では、児童生徒や教職員は互いの個人情報を知っており、また、学校の授業や行事に参加する学校の外部者も、基本的には信頼すべき相手として扱われることが多いと考えられるため、児童生徒は自他の個人情報の取り扱いについて注意することは少ない。学校は、授業等でこれらの点を意識的に指導する必要がある。さらに、学校 Web サイトからの情報発信に際し、「教師が有用性と危険性の両面から自己情報提供について説明をし、児童、生徒、保護者に判断を委ねる機会を設けることは、自己の情報について、将来、

自己責任で適切に判断できるようになるための絶好の教育機会である」（長谷川・小川・大谷 2005）と考え，学校からの情報発信の機会の中で判断をさせれば，日常の学校生活の中で指導することができる。情報化の進展に伴い，学校は，児童生徒に著作権教育が必要になったように，自他の個人情報の管理についての教育も必要になってきていることを意識する必要がある。

　中学校のこの問題は，5つの選択肢の中から，不正請求のメールを受け取った時の対応として「不適切なもの」をすべて選択させるものである。正解の選択肢のそれぞれを選択した者の割合（％）は，「選択肢1　このメールに返信する」（50.4％），「選択肢3　問い合わせ先に電話して抗議する」（38.5％），「選択肢4　入金後 URL から退会手続きをする」（43.9％）となっている。この問題に解答するためには，最初に，提示されている請求メールが，不正請求であるかどうかを判定する必要がある。なぜなら，法的に契約が成立していた場合は利用者に支払い義務が生じるため，請求を無視することができないからである。この問題では，会員登録後，数ヶ月経った後に請求メールが届いたことになっており，それ以上の情報が書かれていないことから，登録した際の契約手続きや条件等の詳細の記録や記憶はないことを前提にして考えるのが妥当である。携帯電話の個体識別番号は示されているが，自分の名前が書かれていないことを根拠に，法的に契約が成立する手続きを業者との間でしていないと推測し，このメールは不正請求であると判断することができる。不正請求であれば，このメールを無視しても良いため，個人情報やお金を先方に提供してしまう可能性のある選択肢の1，3，4番が不適切であると判断できる。

　この請求が不正請求かどうかを判定するための法的知識が必要であるが，契約や特定商取引法について学習する中学校技術・家庭科家庭分野や社会科の学習内容は，この問題を厳密に検討して判断するために十分であるとは言えないのが現状である。児童生徒のネット上のサービスの利用実態に応じた学習内容を教科の学習内容に盛り込むことを検討する必要があると言える。

　学校教育の情報化や児童生徒のネット利用の日常化に伴い，学校は，児童生徒に著作権教育が必要になったように，自他の個人情報の管理についての教育や，ネット上のサービスの利用についての教育，情報セキュリティ教育（情報

セキュリティ政策会議 2014）も必要になってきている。

## 4.4 情報化が進展したことにより対応が必要となっている問題についての検討

次に，情報化が進展したことにより対応が必要となっている問題について検討する。インターネットに接続できるゲーム機，スマートフォン，パソコンの普及が進み，その活用が進むと同時に，児童生徒が問題に巻き込まれたり，問題を引き起こしたりする事例が多発するようになった。

深刻な問題の一つとして，ネットいじめが挙げられる。ネットいじめが大きな問題になっていることは，現在の情報教育には，「情報社会に参画する態度」の目標の観点からみて課題がある状態であると言える。ネットいじめは cyberbullying と呼ばれ，海外でも問題になっている。ネットいじめに関する教育工学の研究は，情報教育に関する研究として，国際的にも重要である。

また，学校の内外やその境界において発生している問題を，教員の職務領域に合わせて「学習指導上の問題」「生徒指導上の問題」「校務処理上の問題」に区分して整理し，また，そのアクセスの方向と情報の移動の方向を示し，教育の情報化にともない発生している問題を整理する。

### 4.4.1 ネットいじめの問題に関する検討

近年，ネットいじめが社会問題となっている。カメラを搭載した携帯電話が登場して間もない2002年には，すでに，いじめの被害者がカメラで望まない容姿を撮影され，それがメール等で他に配信される事件が発生（中日新聞 2002）している。同様の事件はその後も多数発生しており，現在では，スマートフォン等で利用できる SNS や無料通話アプリを利用して，同様のことが行われている。

ネットいじめは，従来からのいじめに加えて行われることが多く，精神的被害が増大する可能性があるだけでなく，ネット上に書き込まれた情報が削除されなかったり，削除されてもそのコピーデータが別の場所に公開されたりする

と，いじめが長期化することになる。また，ネットいじめは，学校の外部で攻撃できるため，本来，被害者は，いじめから解放されるはずの家庭においても，いじめを受け続けることになる。さらに，いじめのために使われたディジタルデータはコピーが容易であるため，ネット上から削除されたデータのコピーがどこかに残っていた場合，再び，ネット上に流通し始める可能性があることから，ネットいじめの被害者は一度のいじめを受けるとその問題が解決した後も再び精神的苦痛を味わわせられる可能性が永久に無くならない点も，ネットいじめの特徴の一つである。そのため，ネットいじめは，従来のいじめと異なり，攻撃を受けた回数が一度だけであっても，大きな被害が発生する可能性がある。

　文部科学省（2007）は，「『児童生徒の問題行動等生徒指導上の諸問題に関する調査』の見直しについて」により，毎年行っている調査における「いじめ」の定義を変更した。平成17年度調査までは，いじめの定義を「『いじめ』とは，『1　自分より弱い者に対して一方的に，2　身体的・心理的な攻撃を継続的に加え，3　相手が深刻な苦痛を感じているもの。なお，起こった場所は学校の内外を問わない。』とする。なお，個々の行為がいじめに当たるか否かの判断を表面的・形式的に行うことなく，いじめられた児童生徒の立場に立って行うこと」としていたものを，平成18年度調査からは「当該児童生徒が，一定の人間関係のある者から，心理的，物理的な攻撃を受けたことにより，精神的な苦痛を感じているもの。なお，起こった場所は学校の内外を問わない」と変更し，かつ，いじめの態様の例に「パソコンや携帯電話等で，誹謗中傷や嫌なことをされる」を追加して調査を行った。これらの通達や調査は，学校が情報化され，また，子どもの生活空間の情報化も進んでいることを，文部科学省が認識していることを示すものであると言える。

　平成18（2006）年度調査から，いじめの定義を変更したことで，平成17（2005）年度までの認知件数より大幅に増加した（図4-3）。このことは，変更後の定義によるいじめは以前から存在していたこと，平成7（1995）年から旧の定義によるいじめは減少していたが，変更後の定義によるいじめを減少させることは困難であったことの2つを示していると言える。

　平成25（2013）年には，いじめ防止対策推進法が施行され，「（4）インター

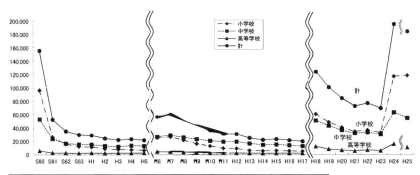

|  | 60年度 | 61年度 | 62年度 | 63年度 | 元年度 | 2年度 | 3年度 | 4年度 | 5年度 |
|---|---|---|---|---|---|---|---|---|---|
| 小学校 | 96,457 | 26,306 | 15,727 | 12,122 | 11,350 | 9,035 | 7,718 | 7,300 | 6,390 |
| 中学校 | 52,891 | 23,690 | 16,796 | 15,452 | 15,215 | 13,121 | 11,922 | 13,632 | 12,817 |
| 高等学校 | 5,718 | 2,614 | 2,544 | 2,212 | 2,523 | 2,152 | 2,422 | 2,326 | 2,391 |
| 計 | 155,066 | 52,610 | 35,067 | 29,786 | 29,088 | 24,308 | 22,062 | 23,258 | 21,598 |
|  | 6年度 | 7年度 | 8年度 | 9年度 | 10年度 | 11年度 | 12年度 | 13年度 | 14年度 | 15年度 | 16年度 | 17年度 |
| 小学校 | 25,295 | 26,614 | 21,733 | 16,294 | 12,858 | 9,462 | 9,114 | 6,206 | 5,659 | 6,051 | 5,551 | 5,087 |
| 中学校 | 26,828 | 29,069 | 25,862 | 23,234 | 20,801 | 19,383 | 19,371 | 16,635 | 14,562 | 15,159 | 13,915 | 12,794 |
| 高等学校 | 4,253 | 4,184 | 3,771 | 3,103 | 2,576 | 2,391 | 2,327 | 2,119 | 1,906 | 2,070 | 2,121 | 2,191 |
| 特殊教育諸学校 | 225 | 229 | 178 | 159 | 161 | 123 | 106 | 77 | 78 | 71 | 84 | 71 |
| 計 | 56,601 | 60,096 | 51,544 | 42,790 | 36,396 | 31,359 | 30,918 | 25,037 | 22,205 | 23,351 | 21,671 | 20,143 |
|  | 18年度 | 19年度 | 20年度 | 21年度 | 22年度 | 23年度 | 24年度 |
| 小学校 | 60,897 | 48,896 | 40,807 | 34,766 | 36,909 | 33,124 | 117,384 |
| 中学校 | 51,310 | 43,505 | 36,795 | 32,111 | 33,323 | 30,749 | 63,634 |
| 高等学校 | 12,307 | 8,355 | 6,737 | 5,642 | 7,018 | 6,020 | 16,274 |
| 特別支援学校（特殊教育諸学校） | 384 | 341 | 309 | 259 | 380 | 338 | 817 |
| 計 | 124,898 | 101,097 | 84,648 | 72,778 | 77,630 | 70,231 | 198,109 |

|  | 25年度 |
|---|---|
| 小学校 | 118,805 |
| 中学校 | 55,248 |
| 高等学校 | 11,039 |
| 特別支援学校 | 768 |
| 計 | 185,860 |

（注1）平成5年度までは公立小・中・高等学校を調査。平成6年度からは特殊教育諸学校，平成18年度からは国私立学校，中等教育学校を含める。
（注2）平成6年度及び平成18年度に調査方法等を改めている。
（注3）平成17年度までは発生件数，平成18年度からは認知件数。
（注4）平成25年度からは高等学校に通信制課程を含める。

図4-3　いじめの認知（発生）学校数の推移

出典：文部科学省（2014）．

ネットを通じて行われるいじめに対する対策の推進」を基本方針に盛り込むことが定められた平成17（2005）年に，いじめの定義にインターネットを通じて行われるいじめも含めたが，ネットいじめを防止することができず，法律でそれの対策について明示しなければならない状況になっていると言える。また，この法律は，いじめに対し，自治体，学校が組織的に対応すること，保護者，地域住民，児童相談所その他の関係者との連携を図りつつ，いじめに迅速な対処をする責務を有すると定めている。従前から，学習指導要領や教育の情報化に関する手引きで，児童生徒がネットを利用することに起因する問題について，学校が組織的に対応すること，家庭・地域と連携した取り組みを推奨してきたが，それが，法的に定められたと言える。

　問題を無くすためには，児童生徒のスマートフォン等の利用を制限することが特効薬のように考えられがちであるが，近年のゲーム機や音楽プレーヤー等は無線 LAN に接続でき，児童生徒はすでにさまざまな情報端末を利用できる状況にあるため，大きな効果は期待できない。また，それだけでは根本からの問題解決にならない。学校は教育機関であるため，生徒に「情報社会に参画する態度」を育成し，ネットいじめの問題を解決していくことが必要である。また，教育工学の研究がそれに貢献することが期待される。

### 4.4.2　情報化にともなう学校教育の問題事例の包括的検討

　情報化にともなって，学校の内外やその境界においてさまざまな問題が発生している。教師は，日々の教育実践において，それらの問題に出会うことになる。教員は学校で，児童生徒に教育を行うために，「学習指導」「生徒指導」「校務処理」などの領域で職務を行っているため，これらの領域で区分して整理すると，教員の職務の場面に添って問題を確認したり予測したりするためには機能的であると考えた。それらの問題を構造的，包括的に整理したものを表4-3（長谷川 2012）に示す。この表は，学校の内外やその境界において発生している問題を，上記のような教員の職務領域に合わせて「学習指導上の問題」「生徒指導上の問題」「校務処理上の問題」に区分して整理し，また，そのアクセスの方向と情報の移動の方向を示した。なおこの表では，機能的であること

表4-3 情報化の進展によって重大視されるようになった学習指導、生徒指導、校務処理における問題事例とその内容

| 問題の領域 | 問題の項目 | 発生場所 | | 情報化の進展 | | | | 問題の内容 | 問題への作用 |
|---|---|---|---|---|---|---|---|---|---|
| | | | | (ネットワーク化)<br>電子情報化<br>アクセスの方向<br>情報の移動 | インターネット接続<br>電子情報化 | 非インターネット接続 | | | |
| | | | | | インターネット化による問題事例 | その問題の原形では非電子情報化時代には重大視されなかった問題 | | | |
| | 教育上不適切な情報との接触 | 学校内 | アクセス 校内→校外<br>情報 校外→校内 | 教育上不適切な情報の取得 | | | 従来、スクリーン、インターネットへの接続により、児童生徒に届いている。 | 新規 |
| | | 学校外 | アクセス 校外→校外<br>情報 校外→個人 | 教育上不適切な学校外からの送付 | | | この問題の原形では非電子情報化時代には重大視されなかった。 | 新規 |
| | | | 情報 校外→個人 | 教育上不適切な情報の取得 | | | | 新規 |
| | 著作権侵害 | 学校内 | 情報 校外→校内 | 35条が認める条件を逸脱した著作物の複製利用 | 教材ソフトのライセンス違反（いわゆる海賊版コピー） | 著作権法実、自習頃プリント等、35条が認める条件外の複製物 | 著作権法違反となる行為を行うだけでなく、コンピュータネットワークを通じて短時間に大量の複製と配布の可能性がある。 | 拡大 |
| | | 学校外 | 情報 私→校外 | 児童生徒による部活動等での著作物等の配布（ネット上への音楽データの配布など） | 出版CDの複製配布による著作権侵害 | | | 拡大 |
| 学習指導 | 盗用・剽窃による学習機会の喪失 | 学校内 | 情報 校外→校内 | 教師差の上のインターネット上からの盗用による提出物の作成（全体的、部分的盗用など） | 盗用による提出物作成（全体的、部分的盗用） | 盗用による提出物作成（全体的、部分的盗用） | 本から書き写す行為によってその内容を整理したり、又表現を習得したりする効果があるが、コピー&ペーストを行う行為はコピー学習の効果はない。また、優秀な読書感想文等を参考にしやすく一方でできる可能性もある。 | 拡大 |
| | | 学校外 | 情報 校外→個人 | 盗用を前提としていない素材、前提とした素材からの盗用 | 盗用を前提としていない素材（資料）からの盗用 | 盗用を前提としていない素材（資料）からの盗用 | | 拡大 |
| | 教師の意図しない情報の児童生徒による保有 | 学校外 | 情報 校内→校外 | 教育センター等のインターネット上に指導案等を子どもとも入手 | | 教師書き指導案や教材を自分のものを入手することで、できなくなっている。<br>また指導案の配布による学校からの転出も学校内からの不正入手、または配布された素材の内容と同一になっていることから、生徒と先生との間でも指導内容が同じ意識であろうとなっている（もっとも、同一性を前提とすることから、生徒の実践にできない同種の配慮により、生徒観察による問題配慮が学習知識の間題が生徒の既習認識化により） | | 拡大<br>異化 |
| | いじめ | 学校内 | 情報 校内→校外／校内 | カメラ付き携帯電話によるいじめ（本人が望まない容姿を撮影した写真の配信によるいじめ）<br>カメラ付き携帯電話によるいじめ電子メール、BBSやSNSを利用したネットいじめ | いじめ | | ネットいじめは、従来からのいじめに加えることが多く、積極的被害が生じる可能性がある。ネット上に書き込まれた情報が長期間公開されることなど、いじめの悪質化によって | 拡大 |
| 生徒指導 | | 学校外 | 情報 個→校外 | 何らかの手段（問題が発生した学校の情報を電話伝達や店頭指摘クレーム等）した結果変更及び学校への連絡 | いじめ | | | 拡大 |
| | 外部からの侵襲 | 学校内 | アクセス 校外→校内<br>情報 校外→校内 | ネット上から生徒の被写体が収集される | 卒業生等の来校による来校 | | 学校は情報公開できるだけではなく、児童生徒を監視する可能性があるため、より大きな同意策を展開をしなければならない。 | 拡大 |
| | | 学校外 | 情報 校内→校外<br>情報 校内→校外 | | 脅迫 | | 学校内はITセキュリティだけではなく、学校外の情報の下で問題にしないと、学校外で展開されるネットトラブルに児童生徒が巻き込まれ続けている。 | 拡大 |
| | | | アクセス 校外→校内<br>情報 校外→校内 | | 生徒用トイレの下覗目的でのビデオカメラ教室等に設置 | | 生徒用トイレの下覗目的でのビデオカメラを安易な問題としてとらえて家庭教育の調査を通じて児童生徒で問題化することに気付 | 変化なし |

78

第 4 章　情報社会に参画する態度

| | | | | | | 顕在化 |
|---|---|---|---|---|---|---|
| 生徒指導 | 学校による児童生徒の過剰な監視 | 学校外 | | ネットパトロール（教職員が行う場合と業者が行う場合の両方がある） | 校区内外パトロール、地域の祭りのパトロール | いじ事件で、児童生徒はBBSにパスワードを設定したゲームサイトなどの会員制サービスを利用するようになり、問題が潜在化するようになる。また、家庭や地域社会で認知されていた少年がいじめのようになっていたのが、学校が介入して自宅まで見られるようになった。学校に監視されていることについては監視されていないようにしていた。また、パスワード制御がかかってまでも監視する必要が生じたら、それは不正アクセス禁止法違反となる。過剰なアクセス監視する生徒の行動を監視することになる。 | 拡大 |
| | 性非行 | 学校内 | アクセス | 出会い系サイトの利用 | 援助交際／売春 | 交際相手を容易に見つけられなくなった。また、まちなに被害に遭うケースも起きる | 新規 |
| | | 学校内 | アクセス | 自己児童ポルノの提供・販売 | 自己児童ポルノの製造 | | 拡大 |
| | 触法行為 | 学校内 | アクセス | 生徒用ネットワークから教職員用ネットワークへの不正アクセス | | セキュリティの設定が甘い校内ネットワークの場合、生徒用ネットワークから教職員用ネットワークに不正アクセスが可能である。 | 新規 |
| | | 学校内 | アクセス | 覚せい剤、大麻の栽培方法 | シンナー遊び | 薬物の入手、大麻の栽培など、実効性の高い情報入手に比較して、実効性の情報が可能 | 拡大 |
| | | 学校内 | アクセス | ゲームサイト内使用電子通貨のコピーラ等による偽造 | 通貨偽造（家庭用スキャナー、カラープリンタによる偽造） | 家庭用OAの高機能化により、子どもでも貨幣や有価証券の偽造が可能になった。電子通貨を作ることについて、子どもは罪悪感がない。 | 拡大 |
| | | 学校外 | アクセス | 詐欺 | | インターネット上を利用することで広範囲に騙すことができる。実物を見ずに電子通貨で貸すことでも法律に触れる可能性が広がる。 | 新規 |
| | | 学校外 | アクセス | 不正アクセス | | 他人のIDパスワードを無断で使ってログインすることが、不正アクセスとしても法律不詳である。 | 拡大 |
| | 個人情報の安全管理上の問題 | 学校内 | 情報 | Google Mapに生徒の自宅住所・番号・電話番号の送信にアピールによる送信にインターネットへの情報流出 | 職員室からの帳簿の盗難 | 流出経路と流出規模が拡大してしまう。ネットへの情報流出は回収不可能である。 | 拡大 |
| | | 学校内 | 情報 | ファイル交換ソフトに起因するコンピュータウイルスによるインターネットへの情報流出 | USBメモリの紛失 | | 拡大 |
| | 個人情報に関する権利侵害 | 学校内 | アクセス | 脱法的個人情報編集（抜け道的方法の認定、規則の網の目をすり抜ける） | 通知表等の紛失 | | 拡大 |
| | | 学校外 | 情報 | 学校Webサイトへの子どもの写真の掲載による個人情報の第三者提供 | 情報の非開示 | 子どもや保護者の情報開示が限定される。その上に関する同意が認められない。 | 新規 |
| | 校務処理のための超過勤務 | 学校内 | 情報 | ネットワークストレージサービスの利用（クラウドコンピューティング） | 学校連絡網・学校名簿による個人情報の第三者提供 | | 顕在化 |
| 校務処理 | | 学校外 | アクセス情報 | 帰宅後も学校のコンピュータにアクセスできるシステムが作られることによって、超過勤務する環境が自宅まで広がり、超過勤務を管理することが困難になる問題 | 持ち帰り残業 | 学校も家庭をインターネットによって接続したことによって、時空の境界が無くなってしまった。 | 新規 |
| | 著作権侵害 | 学校内 | 情報 | 校務処理用ソフトのライセンス違反（いわゆる違法コピー） | 35名ずつからの条件を逸脱した著作物の利用 | 著作権法違反となる行為を行いやすくなるだけでなく、短時間に大量の複製と配布が可能になる。 | 拡大 |
| | | 学校外 | 情報 | 校務処理用ソフトのライセンス違反（いわゆる違法コピー） | | | 拡大 |

出典：長谷川（2012）.

を優先したため，情報セキュリティと著作権など，法的観点からは異なる性質のものが同じ領域に整理されている。

この表の横軸は情報化の進展を表し，左側の列は，学校や生活空間がインターネットに接続されている状態，中央の列は情報が電子化されてはいるものの，インターネットに接続されていない状態，右側の列は，情報化される前の状態のそれぞれの状態で発生している問題を示している。この表を左から右に見た時に，右側の列に書かれている問題は，左側の列に書かれている問題の原点となる。問題の原点が書かれているものは，インターネットが増幅装置（長谷川 2006）として機能し，情報化以前には重大視されなかった問題が，情報化によって拡大したり顕在化したりしたものであると言える。また，右側の列に問題事例がない場合は，情報化によって新たに発生した問題である。

また，今日，「学習指導」「生徒指導」「校務処理」のそれぞれの領域において発生している問題の多くは，その発生場所が学校の内側，外側のどちらであっても，その両方にまたがる問題となっている。この表からわかるように，データがディジタル化されインターネットが普及したことによって，学校の内側と外側の両方から相互にアクセスがあり，また，情報が流通するようになっている以上，やはり，情報化によって発生する問題への対応を学校だけで行うことは不可能である。また，問題の原点があり，情報化によって問題が拡大したり，顕在化したりした事例については，その原点にある問題を検討することが，問題を解決するための手がかりを得るために重要であると言える。

## 4.5 「情報社会に参画する態度」に関連する研究

次に「情報社会に参画する態度」に関連する研究を概観する。平成27（2015）年8月23日の時点で，CiNii（NII学術情報ナビゲータ［サイニィ］，http://ci.nii.ac.jp/）にて，「情報社会に参画する態度」の内容の重要なキーワードと考えられる「情報モラル」「情報倫理」「著作権」「個人情報」「ネット依存」「ネットいじめ」で検索すると，日本教育工学雑誌，日本教育工学会論文誌に51本の論文が収録されていることがわかる。なお，CiNiiと機関リポジトリの

両方に登録されている論文は1本として扱った。これらの論文の研究目的や内容から、「指導法に関する研究」（16本）、「尺度の開発や意識調査に関する研究」（9本）、「教員研修や教員の意識に関する研究」（6本）、「システム開発に関する研究」（7本）、「学校と家庭と連携した情報モラル教育に関する研究」（3本）、「カリキュラムや内容に関する研究」（3本）、「ネット依存」（3本）、「教材開発に関する研究」（2本）、「個人情報の取り扱いに関する研究」（2本）に大別される。なお、複数の内容に関係する論文は、それが主としている内容で判断して分類した。

## （1）指導方法に関する研究

指導法に関する研究は、「思考力・判断力の向上」「著作権」「ネットコミュニケーション・ネットいじめ」「記録性を学習する情報モラル教育」「Wikipediaの編集を取り入れた授業」に関する研究に分類できる。

玉田・松田（2004, 2009）は、「3種の知識（道徳的規範知識、情報技術の知識、合理的判断の知識）による指導法」を開発し、「情報技術を使用した際のプラス・マイナス面についてトレードオフ関係を検討」させることで情報モラルに関する思考力・判断力を向上させることを目指した研究の成果を報告している。著作権に関する指導方法等については、「児童の意識変容と授業実践の効果」（山本・清水 2006）、「作問演習の効果」（倉田・藤木・寺嶋 2009）、「高校生に対する著作権の指導法と行動・意識・知識の啓示的変化」（三宅 2007, 2008）、「抽象的概念を扱うための教授法」（菅原・鷲林・新井 2012）、「引用指導の教育効果」（金・村松・堀田・野中 2013）がある。「ネットコミュニケーション・ネットいじめ」については、「体験的な指導による効果」（長谷川・久保田・中里 2011；長谷川・久保田 2011）、「ネットいじめに関する情報モラル学習の効果のケータイ所有の有無で差異」（中里・久保田・長谷川 2011）、「記録性を学習する情報モラル教育」については「MMORPGを用いた体験」（鎌倉・馬場 2011）、「Wikipediaの編集を取り入れた授業」については「投稿行動と学習行動」（尾澤・森・江木 2012）がある。

（2）尺度の開発や意識調査に関する研究

尺度の開発や意識調査に関する研究は，「情報活用の実践力と情報モラルの関連」（沖林・神山・西井ほか 2008），「ICT 活用に関する3観点調査の多次元尺度法による分析」（伊藤・新藤 2010），「自我状態及びエゴグラムと情報モラルに対する意識との関係」（宮川 2012），「情報倫理意識と規範意識の関係」（沖林・神山・西井ほか 2006），「情報倫理意識に関する分析」（三宅 2006），「道徳的規範意識と情報倫理・情報モラルの意識との関係」（三宅 2006；宮川・森山 2011），「大学生を対象にした意識や判断，行動等の分析」（永井・奥田 2002；深田・中村・岡部ほか 2013）がある。

（3）システム開発に関する研究

システム開発に関する研究として，「電子メールの利用経験をポートフォリオ化する学習支援システム」（森広・安木・正司ほか 2004），「教師と保護者間の情報交流を目指したグループウェア」（中山・河野・森田ほか 2006），「著作権に関する表示機能をもつ LOM 検索システムの開発」（清水 2007），「著作権を配慮した教材資料配付システム」（小田切・石井・八重樫 2008；清水・尾崎 2010）がある。

（4）教員研修や教員の意識に関する研究

教員研修や教員の意識に関する研究として，「教員の意識調査に基づく研修プログラム」（戸田 2001），「e-Learning による研修」（戸田 2002；戸田・清水 2004），「教育ナレッジに関する意識調査」（加藤・波多野・高比良ほか 2005），「教員の ICT 活用指導力に関する分析」（清水・山本・横山ほか 2008），「情報倫理教育に関する大学教員の意識調査」（永井・奥田・高橋 2005）がある。

（5）学校と家庭と連携した情報モラル教育に関する研究

学校と家庭と連携した情報モラル教育に関する研究として，「インターネットを利用した教育のメリット・デメリットの両面を説明して，保護者，生徒からインフォームド・コンセントを得る必要性に関する研究」（長谷川・井戸坂・

下村 1998),「家庭と小学校の連携促進」(山本・清水 2008),「中学生の保護者への相談を意識させるシナリオゲーム教材」(小島・村松・室岡ほか 2011) がある.

### (6) カリキュラムや内容に関する研究

カリキュラムや内容に関する研究として,「教科横断的かつ体系的な情報倫理教育カリキュラム」(森本・横山・宮寺 2004),「看護・福祉系学部の一般情報処理教育」(相良・音成 2004),「大学の情報基礎教育に不足していた内容」(大作 2006) がある.

### (7) ネット依存に関する研究

ネット依存に関する研究としては,「インターネット依存傾向測定尺度の開発」(鶴田・山本・野嶋 2014),「インターネット依存防止,改善のための授業実践」(鶴田 2012；鶴田・野嶋 2015) がある.

### (8) 教材開発に関する研究

教材開発に関する研究として,「問題点を意図的に組み込んだ Web 教材」(宮田・石原 2001),「道徳の読み物教材を組み込んだ著作権学習の題材開発」(杉谷・宮川・森山 2012) がある.

### (9) 個人情報に関する研究

個人情報の取り扱いに関する研究として,「プライバシーに対する中学生と大人の意識構造の比較」(古田・角岡 2003),「教育の情報化とリスクマネジメントの必要性」(長谷川・小川・大谷 2005) がある.

## 4.6 「情報社会に参画する態度」で教育工学が貢献すべきテーマ

前節で既存の研究を概観したことを踏まえ,「情報社会に参画する態度」に関して,教育工学が今後,貢献すべきテーマについて検討する.4.4節で,情

報化が進展したことで対応しなければならなくなった深刻な問題として，ネットいじめを挙げた。しかし，CiNii で，日本教育工学雑誌，日本教育工学会論文誌に掲載されている論文を「ネットいじめ」をキーワードにして検索すると中里・久保田・長谷川（2011）の論文１本しか見つからない。ネットいじめは，社会問題化している問題であることから，これに関する研究が活発になることが望まれる。

　Shariff（2008）は，オーストラリア，カナダ，中国，インド，日本，シンガポール，イギリス，アメリカの cyberbullying（ネットいじめ）の状況等を報告している。また，北米における人権と民事裁判の判例から，学校は良い環境を作り上げ，維持する義務があると述べ，それを "Concept map incorporating critical legal literacy" に示している（図４-４）。さらに，「cyberbullying は毒された環境の象徴」であると述べ，"The stakeholder model" を適用したケースを紹介している。"The stakeholder model" は，「stakeholder を認識する」「各 stakeholder の要求を確認する」「他の stakeholder に対する各要求を批判的に熟考する」「権利の損傷の最小化を図る」の４つのステップによる cyberbullying 対応策である。これは，学校は学ぶ場であることを重視して問題の解決を行おうとすると同時に，問題の発生原因を取り除き，再発を防止できる環境を作ることも目指すモデルであると言える。日本では，いじめ問題が発生すると学校が問題を隠蔽し，より深刻な問題に発展してしまうケースがある。実際，平成18（2006）年に北海道滝川市，福岡県筑前町の学校でいじめを苦にした自殺事件が発生したことを受け，文部科学省（2006）は「いじめの問題が生じたときは，その問題を隠さず，学校・教育委員会と家庭・地域が連携して，対処していくべきもの」との通知を出している。この "The stakeholder model" は，日本の学校が学校だけで問題を解決しようとする状況を変えるために参考にできる。

　また，長谷川・大嶽・大谷（2008，2009）は，ネットいじめの問題に対応した学校を調査し，教育的側面と法的側面から検討を行った。筆者は，事件発生までは筆者の調査に協力することを承諾してくれていた学校から，ネットいじめ事件の発生後に調査への協力を拒否された経験を有しており，学校外部の者

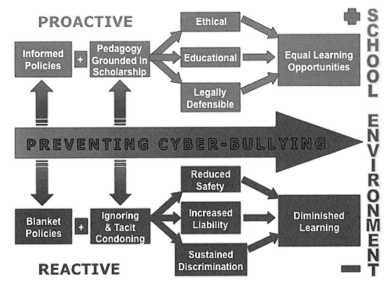

図 4-4 Concept map incorporating critical legal literacy
©2007 Shaheen Shariff, Ph. D., McGill University

がこの問題を調査することの困難さを実感している。しかし，ネットいじめへの対応に関する知見を蓄積するためには，教育工学の研究者は，粘り強く努力して，学校との信頼関係を築き，発生した問題の調査，研究を行う必要がある。

また，前述したように，平成25 (2013) 年に施行されたいじめ防止対策推進法は，いじめに対し，自治体，学校が組織的に対応すること，保護者，地域住民，児童相談所その他の関係者との連携を図りつつ，いじめに迅速な対処をする責務を有すると定めている。そして，学習指導要領は，情報モラルの指導を，学校全体で行ったり，家庭・地域と連携して行ったりすることを推奨している。学校が組織的に情報モラル教育を行っている実践事例（札幌市立平岡中学校 2015；尾崎・長谷川 2015）を対象にした研究も必要である。

さらに，教科の授業の中で電子掲示板等を利用して学級内の知識を共有させるなどして，望ましい情報社会に参画する態度を養おうとする実践（湊川 2015）の開発や実践研究も必要である。

## 4.7　今後の展望

　教育の情報化が進み，学校で児童生徒が一人一台ずつの PC を利用できるよう整備されたり，BYOD（Bring Your Own Device）が普及したりすると，これまでは学校の管理外で発生していた問題が，学校の管理下で発生するようになる。負の問題への対応は，教育の情報化を推進していく上で，非常に重要であると言える。そして，望ましい情報社会の創造に参画しようとする態度を育成することは，情報教育の目標を達成するために重要である。
　今後の「情報社会に参画する態度」の研究と教育実践の発展が期待される。

**参考文献**
中日新聞（2002）「携帯内蔵カメラ　いじめに悪用　尾張地方の中学校　下級生の裸撮影　中3女子2人，脅し送信」『中日新聞』7月10日朝刊，社会，p. 27.
大作勝（2006）「大学において情報基礎教育がなした成果と今後のありように関する提言（〈特集〉情報教育の成果と課題）」『日本教育工学会論文誌』30(3)：269-274.
深田昭三・中村純・岡部成玄・布施泉・上原哲太郎・村田育也・山田恒夫・辰己丈夫・中西通雄・多川孝央・山之上卓（2013）「大学生の情報倫理にかかわる判断と行動」『日本教育工学会論文誌』37(2)：97-105.
古田貴久・角岡大悟（2003）「情報化時代におけるプライバシーに対する中学生と大人の意識構造の比較」『日本教育工学雑誌』27(2)：155-163.
長谷川元洋（2006）「序文」長谷川元洋（編）『子どもたちのインターネット事件――親子で学ぶ情報モラル』東京書籍.
長谷川元洋（2012）「情報化にともなう学校教育の問題の検討――個人情報保護の実態とネット利用の問題事例の調査を通して」（博士論文），p. 69，名古屋大学.
長谷川春生・久保田善彦（2011）「体験に基づく話し合いによる情報モラル学習の効果――グループ編成に着目して」『日本教育工学会論文誌』35(Suppl.)：177-180.
長谷川春生・久保田善彦・中里真一（2011）「情報モラル指導におけるネットコミュニケーション体験の効果」『日本教育工学会論文誌』34(4)：407-416.
長谷川元洋・井戸坂幸男・下村勉（1998）「インターネットを教育現場に導入する際の課題と対策についての研究」『日本教育工学雑誌』22：49-52.
長谷川元洋・小川裕之・大谷尚（2005）「教育の情報化と学校におけるリスクアセスメントの必要性に関する考察――学校，教育委員会，市情報課等を対象とした実態調査にもとづく問題と課題の検討」『日本教育工学会論文誌』，28：137-140.
長谷川元洋・大嶽達哉・大谷尚（2008）「ネットいじめに対する教師の対応の教育的・法的

問題の解明と課題の検討——ある公立中学校での事例を手がかりに」『情報ネットワークローレビュー』7：104-113.
長谷川元洋・大嶽達哉・大谷尚（2009）「ネットいじめの問題に対する学校の法的権限についての検討——ネット上から部外者が生徒間の問題に介入したと推定できる事例を通じて」『情報ネットワークローレビュー』8：86-97.
伊藤一郎・新藤茂（2010）「ICT活用に関する3観点調査の多次元尺度法による分析」『日本教育工学会論文誌』34：41-44.
情報セキュリティ政策会議（2014）「新・情報セキュリティ普及啓発プログラム2014年7月10日」内閣官房情報セキュリティセンター.
    http://www.nisc.go.jp/materials/index/html（2015年8月23日閲覧）
加藤浩・波多野和彦・高比良美詠子・坂元昂・森本均（2005）「教育ナレッジの蓄積・流通・再利用に関する教員の意識調査」『日本教育工学会論文誌』28(Suppl.)：41-44.
鎌倉哲史・馬場章（2011）「情報技術の記録性を学習する情報モラル教育の実践——MMORPGの行動ログを用いた体験授業を通して」『日本教育工学会論文誌』35(1)：47-57.
警察庁（2015）「サイバー犯罪対策」.
    https://www.npa.go.jp/cyber/statics/index.html
金隆子・村松浩幸・堀田龍也・野中陽一（2013）「中学校国語科での引用指導についての教育効果」『日本教育工学会論文誌』37(Suppl.)：197-200.
小島一生・村松浩幸・室岡聡也・小松裕貴（2011）「中学生にネットトラブルに関する保護者への相談を意識させるためのシナリオゲーム教材の開発」『日本教育工学会論文誌』35(Suppl.)：169-172.
倉田伸・藤木卓・寺嶋浩介（2009）「著作権の学習における作問演習の効果」『日本教育工学会論文誌』33(Suppl.)：13-16.
湊川佑也（2015）「中学3年数学　中点連結定理」平成26年度松阪市「教育の情報化」推進事業　公開授業指導案集平成26年11月21日，松阪市立三雲中学校.
宮川洋一（2012）「自我状態及びエゴグラムと情報モラルに対する意識との関係」『日本教育工学会論文誌』36(2)：159-166.
宮川洋一・森山潤（2011）「道徳的規範意識と情報モラルに対する意識との関係——中学校学習指導要領の解説「総則編」に示された情報モラルの考え方に基づいて」『日本教育工学会論文誌』35(1)：73-82.
三宅元子（2006）「中学・高校・大学生の情報倫理に関する意識の分析」『日本教育工学会論文誌』29(4)：535-542.
三宅元子（2006）「中学・高校・大学生の情報倫理意識と道徳的規範意識の関係」『日本教育工学会論文誌』30(1)：51-58.
三宅元子（2007）「著作権に関する情報倫理教育の効果的な指導法の検討」『日本教育工学会論文誌』31(2)：229-237.
三宅元子（2008）「高校生における著作権に関する行動・意識・知識の経時的変化」『日本教育工学会論文誌』32(1)：99-107.

宮田仁・石原一彦（2001）「小学生を対象とした情報モラル学習の試み――問題点を意図的に埋め込んだ Web 教材の活用」『日本教育工学雑誌』25(Suppl.)：167-172.

文部科学省（1997）「体系的な情報教育の実施に向けて」（平成 9 年10月 3 日）（情報化の進展に対応した初等中等教育における情報教育の推進等に関する調査研究協力者会議「第 1 次報告」）
http://www.mext.go.jp/b_menu/shingi/chousa/shotou/002/toushin/971001.htm

文部科学省（2006）「いじめの問題への取組の徹底について」（通知）18文科初第711号 平成18年10月19日．
http://www.mext.go.jp/a_menu/shotou/seitoshidou/06102402/001.htm（2015年 8 月28日閲覧）

文部科学省（2007）「『児童生徒の問題行動等生徒指導上の諸問題に関する調査』の見直しについて」．
http://warp.da.ndl.go.jp/info:ndljp/pid/286184/www.mext.go.jp/b_menu/houdou/19/11/07110710/002.htm（2015年 8 月24日閲覧）（現在は，国立国会図書館のサイトにて閲覧可能。）

文部科学省（2010a）「高等学校学習指導要領解説　情報科編」．

文部科学省（2010b）「教育の情報化に関する手引きについて」．
http://www.mext.go.jp/a_menu/shotou/zyouhou/1259413.htm

文部科学省（2014）「平成25年度「児童生徒の問題行動等生徒指導上の諸問題に関する調査」について　平成26年10月16日（木）　文部科学省初等中等教育局児童生徒課」．
http://www.mext.go.jp/b_menu/houdou/26/10/1351936.htm（2015年 8 月27日閲覧）

文部科学省（2015）「情報活用能力調査の結果について」．
http://www.mext.go.jp/a_menu/shotou/zyouhou/1356188.htm（2015年 8 月23日閲覧）

文部科学省（2006）「いじめの問題への取り組みの徹底について」（通知）　18文科初第711号 平成18年10月19日．
http://www.mext.go.jp/a_menu/shotou/seitoshidou/06102402/001.htm（2015年 8 月28日閲覧）

森広浩下郎・安木良・正司和彦・西村治彦（2004）「電子メール経験のポートフォリオ化による情報モラル育成のための学習支援システム開発に向けた授業実践」『日本教育工学雑誌』27(Suppl.)：109-112.

森本康彦・横山節雄・宮寺庸造（2004）「学習指導要領に則った義務教育における情報倫理カリキュラムの提案」『日本教育工学雑誌』27(Suppl.)：209-212.

永井昌寛・奥田隆史（2002）「大学生におけるコンピュータ利用に関する意識実態分析」『日本教育工学雑誌』26：55-60.

永井昌寛・奥田隆史・高橋一幸（2005）「大学の情報倫理教育に関する情報科学部教員の意識調査」．『日本教育工学会論文誌』28(Suppl.)：177-180.

中山洋・河野有哉・森田浩司・山口正三・阪本康之（2006）「教師と保護者間の情報交流を目指したグループウェアの開発と評価」『日本教育工学会論文誌』26(Suppl.)：169-172.

中里真一・久保田善彦・長谷川春生（2011）「ネットいじめに関する情報モラル学習の効

果——ケータイ所持の有無との関連を中心に」、『日本教育工学会論文誌』35(Suppl.)：121-124.
中里真一・久保田善彦・長谷川春生（2011）「ネットいじめに関する情報モラル学習の効果——ケータイ所持の有無との関連を中心に」『日本教育工学会論文誌』35：121-124.
小田切和也・石井直宏・八重樫理人・多々内允晴（2008）「教育現場における著作権保護の配慮と非常に簡単な操作での電子化された著作物の配布を実現可能にする資料複製・配布システム」『日本教育工学会論文誌』32(2)：129-140.
沖林洋平・神山貴弥・西井章司・森保尚美・川本憲明・鹿江宏明・森敏昭（2006）「児童生徒における情報倫理意識と規範意識の関係」『日本教育工学会論文誌』30(Suppl.)：181-184.
沖林洋平・神山貴弥・西井章司・森保尚美・川本憲明・鹿江宏明・森敏昭（2008）「児童生徒における情報活用の実践力と情報モラルの関連」『日本教育工学会論文誌』31(Suppl.)：149-152.
尾崎廉・長谷川元洋（2015）「三層構造アプローチによる情報モラル教育の成果と課題」『日本教育工学会研究報告集』JSET15-3：61-64.
尾澤重知・森裕生・江木啓訓（2012）「Wikipediaの編集を取り入れた授業における学習者の投稿行動の特徴と学習効果の検討」『日本教育工学会論文誌』36(Suppl.)：41-44.
相良かおる・音成陽子（2004）「看護・福祉系学部の1年次を対象とした導入教育を盛り込んだ一般情報処理教育の実践」『日本教育工学会論文誌』28(2)：99-107.
札幌市立平岡中学校（2015）「9年間の校内研究と情報モラル教育のまとめ」『札幌市立平岡中学校開校30周年記念研究紀要』.
Shariff, S. (2008) *Cyber-Bullying : Issues and Solutions for the school, the classroom and the home*, New York : Routledge.
清水康敬（2007）「社会基盤としての学習オブジェクトの現状と展望（〈特集〉学習オブジェクト・学習データの活用と集約）」『日本教育工学会論文誌』31(3)：259-269.
清水康敬・山本朋弘・横山隆光・小泉力一・堀田龍也（2008）「教員のICT活用指導力の能力分類と回答者属性との関連」『日本教育工学会論文誌』32(1)：79-87.
清水康敬・尾崎史郎（2010）「教育用電子著作物の再利用改変合意システムの開発」『日本教育工学会論文誌』34(1)：77-86.
菅原真悟・鷲林潤壱・新井紀子（2012）「情報モラル教育において抽象的概念を扱うための教授法の分析」『日本教育工学会論文誌』36(2)：135-146.
杉谷義和・宮川洋一・森山潤（2012）「「道徳の時間」の読み物教材を組み込んだ著作権学習の題材開発」『日本教育工学会論文誌』36(Suppl.)：137-140.
玉田和恵・松田稔樹（2004）「『3種の知識』による情報モラル指導法の開発」『日本教育工学会論文誌』20(2)：79-88.
玉田和恵・松田稔樹（2009）「3種の知識による情報モラル指導法の改善とその効果」『日本教育工学会論文誌』33(Suppl.)：105-108.
戸田俊文（2001）「情報モラルに関わる教師の意識調査に基づく研修プログラムに関する研究」『日本教育工学雑誌』25(Suppl.)：71-76.

戸田俊文（2002）「情報モラル教育に関わる教師の e-Learning による研修の試み」『日本教育工学雑誌』26(Suppl.)：97-100.

戸田俊文・清水康敬（2004）「ネットワーク討論が教師の情報モラル教育に与える効果」『日本教育工学雑誌』27(Suppl.)：5-8.

鶴田利郎（2012）「R-PDCA サイクルの活動を用いたネット依存に関する授業実践――依存防止プログラムの成果を援用した 8 時間の授業実践の試み」『日本教育工学会論文誌』35(4)：411-422.

鶴田利郎・野嶋栄一郎（2015）「1 年間を通したインターネット依存改善のための教育実践による生徒の依存傾向の経時的変容」『日本教育工学会論文誌』39(1)：53-65.

鶴田利郎・山本裕子・野嶋栄一郎（2014）「高校生向けインターネット依存傾向測定尺度の開発」『日本教育工学会論文誌』37(4)：491-504.

山本朋弘・清水康敬（2006）「著作権教育による児童の意識変容と授業実践の効果」『日本教育工学会論文誌』29(Suppl.)：1-4.

山本朋弘・清水康敬（2008）「情報モラル指導における家庭と小学校の連携促進に関する検討」『日本教育工学会論文誌』32(2)：181-188.

第 5 章

# 情報活用能力の評価

小柳和喜雄

　子どもたちの情報活用能力の評価をどのように行えばいいのか？　つまり子どもたちに情報活用能力が身についているということをどのように判断したらいいのか？　これまでも，この問いは掲げられ，個々の研究レベルで，また国レベルの調査などで試みられてきた。日本でも小学生と中学生を対象とした情報活用能力に関する調査が2013年度に行われ，2015年3月にその結果が公表された。

　本章では，本学会での個々の研究レベルでの取り組み，国レベルでの取り組み，そして，国際調査レベルの取り組みを通じて，情報活用能力の評価について考察していく。国際調査を取り上げる理由は，日本の情報活用能力と厳密に言えば異なるが，測ろうとしている能力に類似点も多々見られ，その調査の内容や方法，結果を読み取ることで，日本の情報活用能力の評価についてより視野を広げて考えることができるために取り上げている。

## 5.1　情報活用能力の評価が問われている背景

　情報活用能力に関して，紙を用いた調査問題で，はたしてその力の測定や評価が可能なのかということが問われてきた。つまり必要な知識の習得や意識調査であれば，履修状況を振り返って紙に回答できるが，コンピュータ等を用いることの多い情報活用能力それ自体の測定や評価は，その適切な課題設定の工夫と実際にそのパフォーマンスを測り評価する道具が必要となる。最近のテクノロジーの発展もあり，用いることが可能となった道具へもより関心が集まっ

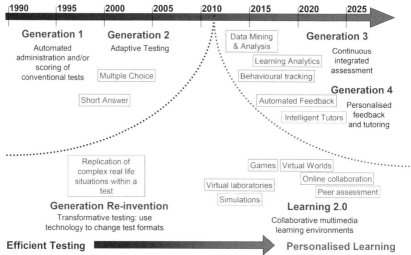

図5-1 テクノロジーを活かした評価方法と道具のあゆみ

てきた。そのため、評価方法やその際の評価の道具について検討が進められてきている。

図5-1は、知識の習得状況を見るといった評価に加えて、思考力などさまざまな力の評価が問われてくる中で、「テクノロジーを活かした評価方法と道具」がどのように歩んできたかを示したものである。それには大きく2つの異なるアプローチがとられてきた（Redecker 2013）。

1つは、コンピュータベースの評価（Computer-Based Assessment：CBA）アプローチで、数十年以上前から進められてきたものである。これは、多肢選択問題による測定、より状況設定を工夫した問題の出題へと発展し、測定したい知識等を信頼性と妥当性をもって総合的に測ることへ関心を向けてきたアプローチである。さらに適応的なテストとして、学習者の解答状況に応じて出題問題が分岐してその力を測定していく手法も、この流れから発展してきている（効率的・効果的で、また有能なテストの開発）。

もう1つは、テクノロジーを活かした学習環境を用いて、できるだけ自然な学びの環境の中でその学びを促し、そこで学習者の学びの記録（データ）を収

集し，可視化することで，そこから行動のパターンを明らかにし，個々人に合った効果的な学習（環境）を考えていこうとするアプローチ（Embedded Assessment）が挙げられる．これには，テキストマイニング，ラーニング・アナリティクス（Learning Analytics：LA）なども含まれる．これは，学習環境に評価の視点を埋め込み，複合的な思考，問題解決，協同・協働のストラテジーなどを求める学習文脈を創り出し，学びの過程を視覚化していくことへ関心を向けた評価手法である（個々人にとって効果的な学習環境の探求と構築）．キー・コンピテンシー，汎用的な力，21世紀型スキルなどが言われてくる中で，異なる能力の測定には，異なる評価手法が必要となるという判断から，現在，検討が進められてきている．

　このような「テクノロジーを活かした評価方法と道具」が発展してきたこともあり，本章が取り扱おうとしている情報活用能力に関しても，それを指導する環境や指導者の指導力に加えて，実際に学んでいる学習者自身の力を調査しようとする動きが生じてきている．

## 5.2　コンピュータを用いたさまざまな調査の動き

　上記のことは，最近の国際調査で，コンピュータを用いた調査が行われるようになってきたこととも呼応する．

　たとえば，大学生や成人を対象として，ICTを活用する力をICTを用いて測る調査として，OECDによる高等教育における学習成果アセスメント（Assessment of Higher Education Learning Outcomes：AHELO）や国際成人力調査（Programme for the International Assessment of Adult Competencies：PIAAC）などが行われてきた．そしてよく知られているが，日本でいう高校1年生を対象とした学習到達度調査（Programme for International Student Assessment：PISA）でも，2009年の調査からコンピュータを用いた調査が行われてきた（2009年デジタル・リーディング，2012年問題解決力）．それが2015年からは，すべての調査が筆記型調査からコンピュータ利用型調査へとその移行が行われた．科学的リテラシーに関しては，シミュレーションが含まれた新規問題が出題され，よ

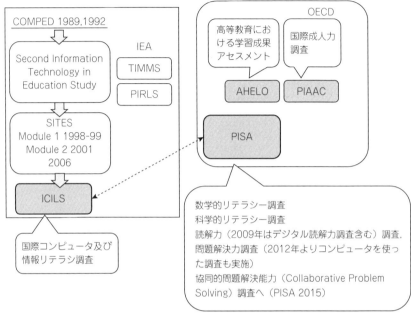

図 5 - 2 ICT を活用した最近の国際調査の関係図

り問題解決における情報の活用・解決プロセスを評価するのに，コンピュータが用いられた（図 5 - 2 参照）。

そのような中，我が国では，2013年度に，小学生と中学生を対象とした情報活用能力に関する調査がコンピュータベースで行われ，2015年 3 月に，その結果が公表された。

以下では，まず 1 ) 本学会での個々の研究での取り組み，2 ) 国レベルでの取り組み，そして，3 ) 日本の情報活用能力と厳密に言えば異なるが，測ろうとしている能力に類似点も多々見られる，2013年度に行われた国際コンピュータ及び情報リテラシー調査（International Computer and Information Literacy Study：ICILS，以下略称である ICILS を用いる）を取り上げる。国際的に，ICT リテラシーや情報リテラシーなどとして表現されている内容は，日本の情報活用能力がそこにイメージしていることとは確かに異なる。つまり，ICILS は図 5 - 3 の ICT Literacies と Information Literacies の力の測定に目を向けてい

第5章　情報活用能力の評価

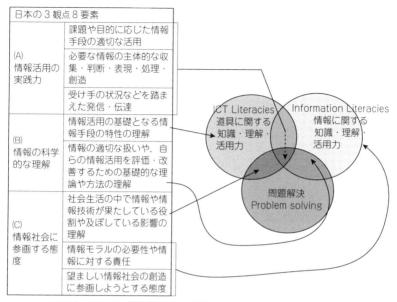

図5-3　情報活用能力とICTと関わる力に関する国際調査との関係

る。一方，日本の情報活用能力は，ICT LiteraciesとInformation Literaciesに加えて，問題解決と関わる場面で求められる力や態度も，そのひとつとして取り上げている（『新「情報教育の手引き」』や『教育の情報化ビジョン』の4章，B 情報の科学的理解のところで，問題解決についての説明が記載され，A 情報活用能力のところにも，問題解決について触れられている）。

しかし，先にも述べたように，測ろうとしている力に関して共通している点は多々ある。そこで国際調査であるICILSの調査枠組みと調査報告を読み取ることで（Fraillon, Schulz, & Ainley 2013 ; Fraillon, et al. 2014），先の日本の情報活用能力調査とも比較しながら，その評価内容や評価方法について考え（国際調査結果と日本の情報活用能力調査の関係の考察），世界と比較した場合の日本の情報活用能力の現状の課題等も予想していく（小柳 2015）。

## 5.3 本学会における情報活用能力等の評価に関する研究

　情報活用能力と関わって，本学会にはその知見の蓄積は多い。特に高等学校に普通教科情報が設置される前後より，そこで培う力，その指導内容や方法が検討されてきた（永野 1998；清水 1998）。そして小学校からの体系的な情報教育の推進という構想も，「情報教育の実践と学校の情報化～新「情報教育の手引き」」（2002年6月），「教育の情報化に関する手引」（2010年10月）などを通じて述べられてきた。そしてそれを実践で具体化していくために，より関連する具体的能力（たとえば，表現力）に着目した研究（中橋 2005）や，実際に小学校などですでに取り組まれていることを抽出し，評価指標を明確化することに着目した研究（高橋ほか 2008），さらに子どもたちに情報活用能力を育成していくこととも関連する，指導する教員の ICT 活用指導力に目を向けた研究（清水ほか 2008）など，他にもいくつかの研究が積み重ねられてきた。

　上記のような情報活用能力として，子どもたちにどのような力を培うのかを考えることと，その力が実際に身についているかを評価することとは対の関係にある。しかしながら子どもたちの情報活用能力自体の評価となると，必ずしも多いとは言えない状況にあった。たとえば，足立ら（1999），森津ら（1999），毛利ら（2002）は，ある活動を行うことが，子どもたちの情報活用能力にどのような影響を及ぼしているか，質問紙調査を通じて研究を行ってきた。間接的また直接的に，その能力を評価しようとすることへ関心を向けた研究としては，小川・永野（2012），森本（2012）の研究などが挙げられた。また，子どもたち自身にその能力の評価を促す環境に関する研究として，稲垣ら（2013）の研究なども行われてきた。しかしながら，先にも述べたように，コンピュータ上で情報活用能力の調査を行うことは容易なことではなく（情報活用能力の知識部分や意識・態度の部分は，多肢選択問題などをコンピュータベースで実現することは可能にしても，複合的な問題作成には費用も多くかかるため），本学会においても，この点に関する研究はまだ萌芽的な状況にあった（小柳・堀田・黒上 2012）。

## 5.4 国レベルの情報活用能力の評価の取り組み

一方，世界でも，環境や教員の取り組みに関する調査に加えて，直接子どもたちのICT活用に関する知識や技能，その活用力などに関する実態調査をすることへ関心は向きはじめた。このような中，世界的にいち早くこの課題に取り組んできたのは，オーストラリアであった。オーストラリアは，子どもたちのICT活用に関する知識や技能，その活用力などに関して，国レベルの調査に取り組んだ。オーストラリアは，2005年より，NAPICT（National Assessment Program ICT Literacy）として，6年生と10年生を対象にこの調査を行ってきた。これは，2005年，2008年，2011年，2014年とこれまで3年ごとにナショナルテストとして実施され，各年次において到達すべきレベルを設定し，そのレベルを達成した生徒がどの程度いるかについて調査が行われてきた。つまり国全体の取り組みとその結果から政策を検討していく，動向調査を目的にしたものが行われてきた。また初年度より，非公開問題に関しては，それを用いて子どもたちの力の変化やあわせて学校や家庭環境の変化もとらえようとしてきた。国際的に見ても，子どもたちのICTに関する知識，技能や能力を，コンピュータを用いて測定しようとした稀な取り組みであり，これによって国内の教育の推進（環境整備含む）と，実際の子どもたちの力の向上に寄与する取り組みであったと言える（http://www.nap.edu.au/nap-sample-assessments/ict-literacy/napsa-ict-literacy.html）。

日本でも，先述のように，2012年度より準備が進められ，2013年度に小学校5年生（116校3,343人），中学校2年生（104校3,338人）を対象に，情報活用能力（3観点）に関して，コンピュータを用いたその能力の実態調査と質問紙調査（子ども，教員，学校）が行われた（http://www.mext.go.jp/a_menu/shotou/zyouhou/1356188.htm）。

能力に関する結果としては，大きな動向として次の2点が挙げられている。

1. 小学生について，整理された情報を読み取ることはできるが，複数のウェブ

ページから目的に応じて，特定の情報を見つけ出し，関連付けることに課題がある。また，情報を整理し，解釈することや受け手の状況に応じて情報発信することに課題がある。
2. 中学生について，整理された情報を読み取ることはできるが，複数のウェブページから目的に応じて，特定の情報を見つけ出し，関連付けることに課題がある。また，一覧表示された情報を整理・解釈することはできるが，複数ウェブページの情報を整理・解釈することや，受け手の状況に応じて情報発信することに課題がある。

また，質問紙調査とクロスした結果として，大きく次の点が取り上げられている。

1. 上位の学校群の教員は，下位の学校群と比べ，次のような授業の実施頻度が高い傾向にある。
   - 児童生徒に自分の考えを表現させること
   - 児童生徒に情報を整理させること
   - 児童生徒に情報手段の特性に応じた伝達及び円滑なコミュニケーションを行わせること
2. 上位の学校群の児童生徒は，下位の学校群と比べ，学校で次のような ICT 活用をしている頻度が高い傾向にある。
   - 情報を収集すること
   - 表やグラフを作成すること
   - 発表するためのスライドや資料を作成すること

このように，国レベルで情報活用能力に関する調査が行われはじめ，知識・技能に加えて，それに伴う活用力，思考力の調査などが，コンピュータを用いて行われるに至ってきている。

## 5.5 国際レベルの ICT と関わる教育の取り組みの評価

では，国際レベルでどのような取り組みがなされてきているのか？ ここでは，国際調査を担っている IEA への取り組みに目を向けてみる。IEA は，

TIMSS (Trends in International Mathematics and Science Study) と呼ばれる算数・数学および理科の到達度に関する国際的な調査や PIRLS (Progress in International Reading Literacy Survey) と呼ばれる国際読書力調査等を行っている国際教育到達度評価学会 (The International Association for the Evaluation of Educational Achievement: IEA) のことである。

その IEA は，これまで，まず学校でのコンピュータ利用が学力に及ぼす影響をみるために，1989年（参加21の国または都市の教育組織）と1992年（参加12の教育組織）に，学校におけるコンピュータ利用に焦点化した国際調査 (Computers in Education Study: COMPED) を行ってきた。そして1998／1999年には，参加27の教育組織を通じて，教師が学校の授業で ICT を用いている実態をみる調査 (Second Information Technology in Education Study) モジュール1を実施し，続いて2001／2002年に28ヵ国から174の事例を集め，教育方法上革新的な ICT の活用に関する定性的な調査をモジュール2として行った。さらに2006年には，22の教育機関から8学年担当の数学と科学の教師を対象に，授業での ICT の活用について調査を行ってきた（図5-2参照）。

これから取り上げる ICILS は，この後継に位置づき，コンピュータと情報リテラシー (Computer and Information Literacy: CIL) と呼ぶ ICT に関する生徒の能力を測ることを目的としている。なおコンピュータと情報リテラシーの定義は「家庭，学校，職場，社会に効果的に参画するために，コンピュータを調査，創出，コミュニケーションするために用いる個人の能力」とされている。この調査は，今まで学校の情報環境や教員の取り組みなどについて IEA は調査を実施してきたが，生徒のコンピュータと情報リテラシーに関する知識・能力を測るということは行ってこなかった。つまり，はじめて「生徒のコンピュータと情報リテラシー」を「コンピュータを使って」測る「国際調査」として位置づけられるものであった。

また，この調査は，PISA 調査と性格が異なるものであり，PISA はあくまでディシプリン（科目）ベースにどの程度の能力をもっているか，また問題解決力をどの程度もっているかを，ペーパーで，またコンピュータを使ってテストするものである一方，ICILS はあくまでコンピュータの利用に関する知識・

技能に関心を向けている点が特徴的である(ただし,先にも述べたがデジタル・リーディングに関する調査は,PISA調査の中でも行われてきた)。この取り組みの目的は,大きくは次の4つの問いについての検証結果を得ることにあるとされている。① 生徒のCILについて,国内でまた各国間で,どのような差異が認められるのか,② 学校,教育システムや教える活動が,生徒のCILの獲得にどのような影響を与えているのか,③ 生徒自身によるコンピュータの利用環境や頻度,親しみ度合い,習熟のレベルに関する報告と生徒のCILの獲得の関係,④ 生徒のCILの獲得と関わる個人の能力や社会的背景,のようにコンピュータの利用に関する知識・技能とその背景情報にフォーカスした比較調査となっている。

このCILに関する調査は,オーストラリア,チリ,クロアチア,チェコ,デンマーク,ドイツ,韓国,リトアニア,オランダ,ノルウェー,ポーランド,ロシア,スロバキア,スロベニア,スイス,タイ,トルコ,そして参加都市として香港,アルゼンチンのブエノスアイレス,カナダのニューファウンドランドとラブラドル,カナダのオンタリオの3,300校からほぼ6万人の8年生(14歳前後)を対象として行われた。同時に行われた質問紙調査に関しては,同生徒たちに加えて,同学校から約3万5,000人の教員,校長,ICTコーディネータに対して行われた。調査時期は,北半球の国では2013年の2月から6月にかけて,南半球の国では,2013年の10月から12月にかけて行われた。

## 5.6 国際コンピュータおよび情報リテラシー調査の内容

ではCILは,コンピュータと情報リテラシーとして,どのような力等の内容を測ったのか? それは,大きくは2つに分かれていた。ひとつは「情報の収集・管理」に関することであり,もうひとつは「情報の創出・共有(変換)」であった。まず「情報の収集・管理」では,① コンピュータ利用についての知識,理解(コンピュータとは何か,何ができるか,コンピュータがどのように処理を行っているのかといった点に関するもの),② 情報へのアクセスと評価(適切なキーワードで検索を行い,その結果を適切にフィルタリングできる

第5章 情報活用能力の評価

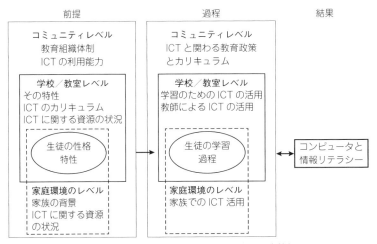

図5-4 コンピュータと情報リテラシーの調査枠組み

か），③ 情報の管理（特にファイルの管理を意識したものであり，データをどのような方法で保存していけばいいか）が問われていた。

また「情報の創出・共有（変換）」では，① 情報の変換（受け手にわかりやすいよう色の使い方を変えたり，データをテキストから画像に変えたり，データをグラフや図にする等の工夫について），② 情報の創出（特定の受け手や目的に沿って，新たなアウトプット〔ポスター，プレゼンテーション，動画等を用いて〕を作成すること），③ 情報の共有（オンライン上の共同作業スペースや，SNS，eメール等から，目的に合った手段で他者と情報をやりとりする方法について），そして ④ 情報の安全と保護（コンピュータを用いた情報の生成や利用に関わるコミュニケーションにおいて，法的，倫理的問題についての個々人の理解）が問われていた。

また，そのコンピュータと情報リテラシーの学習活動やその習得が，どのような文脈と関わっているのか，上図のようなモデルを描き（図5-4），個人のレベル，家庭環境のレベル，学校や教室のレベル，より大きなコミュニティのレベルから，調査問題と質問の2つを通じて測られた。

コミュニティレベルに関しては，おもに国の背景情報のサーベイや他の情報源から情報の収集が行われ，学校／教室レベルでは，管理職への質問調査，

ICT コーディネータへの質問調査，教師への質問調査から情報の収集が行われた。一方，生徒個々人のレベルに関しては，生徒への質問調査から，また家庭環境のレベルに関しても，生徒への質問調査から情報収集が行われた。

## 5.7 国際コンピュータおよび情報リテラシー調査の方法

それでは，ICILS は，そのコンピュータと情報リテラシーを実際にどのような道具や手続きで測定を行ったのか？

ICILS は，生徒のコンピュータと情報リテラシーの測定を目指したため，コンピュータを用いたアセスメントが行われた。各学校のコンピュータを用いて行われたが，学校のインターネットアクセスの質の差に左右されないために，USB を使って，統一的なアセスメント環境を確保するようにした。得られたデータは，あるサーバーか，またはその実施国の ICILS リサーチセンターへアップロードされる仕組みを用いた。

調査問題は，1モジュール30分のものが設計され（表5‐1参照），生徒は4つのモジュールのうち，ランダムに課された2モジュールに解答し，その後，30分で利用実態や意識などに関する共通の質問項目に答える調査が行われた。なお管理職，ICT コーディネータ，教師への質問は，コンピュータまたは紙を用いた質問調査が行われ，管理職，ICT コーディネータは各10分で回答する質問項目，教師は30分で回答する質問項目が課された。

ICILS チームは，あらかじめ各調査から得られた情報を参照し，検討の末，設計段階では「情報の収集・管理」「情報の創出・共有（変換）」について，それぞれ理想の習得レベルを想定した5レベルの設定を行った。そして各レベルへの到達を推計する調査問題項目として，「情報の収集・管理」に関しては27問32スコア，「情報の創出・共有（変換）」に関しては，53問73スコアの調査問題設計を行った。しかし予備調査を通じて最終的には，「情報の収集・管理」「情報の創出・共有（変換）」の両方を合わせて62問81スコアポイントに変更して，本調査を実施している。そして，生徒の ICL の到達レベルに関わっても，表現の変更を行い，「情報の収集・管理」「情報の創出・共有（変換）」を合わ

第5章 情報活用能力の評価

**表5-1 評価問題モジュールと課題の構成**

| | モジュール名 | モジュール内容 |
|---|---|---|
| 1 | 放課後のクラブ活動（運動） | このモジュールでは，まず生徒は情報を共有するオンラインの協同的な作業スペースを自分たちで用意することが求められる。そして，放課後のクラブ活動（運動）のプログラムを宣伝するポスターを作るために，情報を選択し採用していくことが求められる。 |
| 2 | バンドのコンクール | このモジュールでは，学校のバンドのコンクールについての情報を掲載する WWW を作るために，その制作を計画し，イメージを編集し，簡単なウェップサイト作成ソフトウエアを用いることが求められる。 |
| 3 | ブレス | このモジュールでは，8歳あるいは9歳の生徒に，ブレス（呼吸法）の過程を説明するプレゼンテーションを作るために，ファイルを管理し，情報を評価したり集めたりすることが求められる。 |
| 4 | 遠足 | このモジュールでは，生徒は，オンライン・データベースを使って遠足の計画を立て，友達のために，その遠足のしおりを作るためにどの情報を採用していくかが求められる。そのしおりには，オンラインの地図作成のソフトウエアを用いて作成された地図が含まれている必要がある。 |
| | ○各モジュールは，「情報の収集・管理」「情報の創出・共有（変換）」に関する7つの知識・技能に関わって，①それぞれ1分もかからないようなその7つの能力に該当する個別課題（小問）が11問くらいと，②より大きな課題を完成するのに求められる複合的な操作を求める問題が1問くらいで構成されている。<br>○「情報の収集・管理」は，①コンピュータ利用についての知識理解（13％），②情報へのアクセスと評価（15％），③情報管理（5％），「情報の創出・共有（変換）」は，①情報の変換（17％），②情報の創造（37％），③情報の共有（1％），④情報利用の安全と保護（12％）といった，比率で課題が構成されている。 ||

せた4レベルのモデルを作成している（以下4レベル参照）。各調査問題（小問とより大きな課題で要求される力）の難易度もそれに応じたレベルと対応する形で割り付けが行われ，調査問題の各モジュールの全体問題配置に反映がなされている。

【レベル1】
　レベル1の生徒は，作業を完了するための基本的で実用的な知識を有している。最も一般的なソフトウエアコマンドを指示にしたって実行できる。また情

報を産出するために簡単な内容をそこに加えていくことができる。電子的な文章の基本的なレイアウトのきまり等については知っている。たとえば，ブラブザーでリンク先を開ける。イメージを切り取るためにソフトウエアを使える。写真などを文章に入れ込める。プレゼンテーションの文章に適切なタイトルが入れられる。文章の基本的な文字や背景の色の配置を知っている。電子メールのカーボンコピーの意味について知っている。ユーザアカウントからログアウトするのに失敗すると危険を伴うことがあることを知っている，など。

【レベル2】
　レベル2の生徒は，基本的で明確な情報の収集や管理情報についての課題を完了するためにコンピュータを利用できる。与えられた特定の情報ソースから情報を見つけることができる。指示に従って，既存の情報に新たな情報を追加したり，編集したりすることができる。情報を作成する際に，デザインの一貫性やレイアウトのきまりを守った簡単な情報を提示できる。また個人情報の保護や公共の情報にアクセスする際の帰結についても，意識化できている。

【レベル3】
　レベル3の生徒は，情報を取集し管理するツールとして，自主的にコンピュータを活用できる。特定の目的に応じて，最も適切な情報を選ぶことができる。また具体的な質問に対し，与えられた電子情報ソースから情報を引き出し，情報を産出していくために，慣れていないソフトウエアであっても予想し，指示に従いながらコマンドを用いて，編集，追加，フォーマット変更などを行える。そしてWWW上の情報の信頼性は，作り手によって影響を受けることを知っている。

【レベル4】
　レベル4の生徒は，コミュニケーションの目的に沿って最も適切な情報を選択でき，情報の信頼性を検証する方法を提示できる。また対象となる相手や目的に沿った形で情報を編集し，再構成できる。伝達される情報は，受け手に合

わせて修正でき，受け手によってその伝わり方が異なる点を理解している。そして，プレゼンテーションのきまりに応じて情報を再構成したり提示したりするうえでソフトウエアの特徴をうまく活かして用いることができる。インターネット上の情報のやり取りでは，礼儀正しい情報の利用に関して，問題が生じることがあることが意識化でき，それを説明できる。

## 5.8 国際コンピュータおよび情報リテラシー調査から明らかになったこと

　以上の内容や測定方法を通じて，参加国の生徒のコンピュータと情報リテラシー（CIL）について明らかになったことを，いくつか抜粋して取り上げる。

　(1) 最も高いパフォーマンスを示した5つの国では，生徒の30％またそれ以上が，レベル3やレベル4へ到達していた。逆に最も低い状況にあった2国では，生徒の数％しかレベル3やレベル4へ到達していなかった。むしろその2国の生徒の85％が，レベル2以下であった。参加国全体でみると，平均で31％の生徒がレベル2以下という結果であった。

　(2) CIL の平均スコアは，ICT 開発インデックス（インフラ整備，アクセス，インターネット利用，ICT スキル代用指標などの11指標からなるもの）と強い相関がみられ，コンピュータ1台当たりに対する生徒の利用人数とも深く関わっていた（少ないほど高得点につながっている）。

　(3) 参加国の生徒の CIL は，テキストベースの読解スキルと関係が深く，授業で通常用いられている言語と調査問題の言語の一致が，その成績と関連していた。またタイとトルコではその有意差がみられなかったが，他の参加国では，読解力の調査結果と似た傾向を示し，女子の生徒の方が男子よりも高得点を納めていた。また成績と関連する傾向を示した ICT に関する効力感についても，高度な ICT 利用に関しては男子が高かったが，基本利用の効力感に関しては女子の方が高かった。

　(4) 学校での利用に関しては，参加国全体を通じて，少なくとも週1回は，レポート作成などでコンピュータの利用が45％，プレゼンテーションの準備が

44％，同じ学校の生徒同士による協同作業等での利用が40％であった。参加国では，ほぼ初等教育あるいは中等教育で，CIL を直接取り扱う教科か，クロスカリキュラムでそれを学ぶ時間が確保されていた。コンピュータなどの利用が学校で用いられる教科は，情報技術とコンピュータスタディなど（教師の回答では95％，生徒の回答では56％），自然科学と人文科学での利用（教師：84％，生徒：20％），言語の学習関係（教師：79％，生徒：17％），数学（教師：71％，生徒：14％），芸術関係（教師：75％，生徒：10％）という結果であった。

## 5.9 まとめにかえて

先述したように日本の情報活用能力の中学校の結果とこの国際調査の結果を比較して，何が言えるだろうか？ その際，日本の結果は，ICILS のレベルで言えば，どのレベルの力をつけている生徒が多いとみなされるのだろうか？ やはり日本も平均のレベル2なのか，あるいはレベル3にあるのか？ また日本の生徒の学校での利用（学習言語としての取り上げ方，授業での活用の仕方ほか）等は，先の ICILS の結果と近いのか？ やはり女子の方が高いのか？

このように国際調査結果とも対比しながら今後の取り組み課題（初等と中等教育の系統指導も鑑み）を検討していく必要があると考える。

ただし，先にも述べたように，ICILS が測定のターゲットとしているのは，個人の ICT リテラシー（道具に関する知識・理解・活用力）と Information リテラシー（情報〔表象操作〕に関する知識・理解・活用力）である。一方，日本の情報活用能力は，より複合的な能力観（3観点8要素）をもっており，直接，ICILS の指標のみで日本の情報活用能力のすべてを判断することはできない。

しかし，日本の情報活用能力は，ICILS と重なる点もあるため，その重なる点に関して，評価のターゲットに限定して，日本の中学校の生徒の到達状況を考えることは可能だと考えられる。まだ日本の調査結果も出て間もないが，このような国際調査結果との比較を通じて，取り組みの状況の把握や日本の特徴，

また今後の取り組みについて考えていく研究が求められてくるだろう。

今後予定されている ICILS2018 に日本も参加し，そこでの調査結果を見ること，また PISA の協同的問題解決力（問題解決力は今後協同的問題解決力の調査へ関心が向けられているため）の調査結果を重ねてみていくことで，日本独自に行われる情報活用能力調査の結果を，より国際比較の視点から見ていくことが可能となると考えられる。

**参考文献**

足立にれか・坂元章・木村文香・小林久美子・勝谷紀子・鈴木佳苗・伊部規子・高比良美詠子・坂元桂・森津太子・波多野和彦・坂元昂（1999）「メディア資料が情報活用能力に及ぼす影響——中学生と高校生に対するパネル調査」『日本教育工学会論文誌』23(Suppl.)：99-104.

Fraillon, J., Schulz, W., and Ainley, J. (2013) The IEA International Computer and Information Literacy Study, Assessment Framework, IEA Secretariat, Amsterdam.

Fraillon, J., Ainley, J. Schulz, W., Friedman, T., and Gebhardt, E. (2014) Preparing for Life in a Digital Age, The IEA International Computer and Information Literacy Study International Report, Springer Open.

稲垣忠・亀井美穂子・寺嶋浩介・中橋雄・遠藤麻由美（2013）「Web 教材を用いた児童のメディア制作活動支援の分析」『日本教育工学会論文誌』37(Suppl.)：77-80.

森津太子・坂元章・橿渕めぐみ・小林久美子・勝谷紀子・鈴木佳苗・伊部規子・足立にれか・高比良美詠子・坂元桂・波多野和彦・坂元昂（1999）「インターネット使用と情報活用能力および学習意欲との因果関係」『日本教育工学会論文誌』23(Suppl.)：79-84.

森本康彦（2012）「問題解決プロセスに着目した情報活用能力評価のためのeテスティングモデルの提案」第28回大会講演論文集：327-328.

毛利瑞穂・坂元章・波多野和彦・坂元昂（2002）「高等学校におけるコンピュータ使用が生徒の情報活用能力に及ぼす効果」『日本教育工学会論文誌』26(Suppl.)：85-90.

中橋雄（2005）「ディジタルメディア表現能力の育成過程に関する質的研究——メディア・リテラシー研究の重点課題として」『日本教育工学会論文誌』29(2)：119-131.

永野和男（1998）「情報活用の実践力としての情報教育とこれからの学習環境」『日本教育工学会論文誌』22(Suppl.)：21-24.

小川亮・永野和男（2012）「e-testing を用いた小学校における情報活用能力の育成と評価——テスト間の難易度差による情報活用能力の調整」第28回大会講演論文集：899-900.

小柳和喜雄・堀田龍也・黒上晴夫（2012）「情報教育のアウトカムに関する評価方法の事例報告」第28回大会講演論文集：325-326.

小柳和喜雄（2015）「情報活用能力に関する国際調査結果」『学習情報研究』243：14-17.

PISA 2015 DRAFT COLLABORATIVE PROBLEM SOLVING FRAMEWORK. 2013 .3
  http://www.oecd.org/pisa/pisaproducts/Draft% 20PISA% 202015% 20Collabor ative% 20Problem% 20Solving%20Framework% 20.pdf
Redecker, C. (2013) European Commission, Joint Research Centre Institute for Prospective Technological Studies: The Use of ICT for the Assessment of Key Competences, Publications Office of the European Union: Luxembourg.
清水康敬（1998）「情報教育の新たな展開」『日本教育工学会論文誌』22(Suppl.)：13-16.
清水康敬・山本朋弘・横山隆光・小泉力一・堀田龍也（2008）「教員のICT活用指導力の能力分類と回答者属性との関連」『日本教育工学会論文誌』32(1)：79-87.
高橋純・木原俊行・中山実・武田一則・桑山裕明・宇治橋祐之・佐藤知条（2008）「小学生向け情報活用能力のチェックリストの開発」『研究報告集』JSET 08-3：5-10.

# 第6章

# 情報教育のカリキュラム

黒上晴夫

## 6.1 情報教育カリキュラムの類型

カリキュラムとは，学習者が（主に学校で）身につけることを期待される知識やスキルなどの体系を指す。それは，いつ何を学ぶかという内容であったり，特定の時期に何を知っているべきか，何ができるべきかを示す規準や学習目標であったりする。それを記述する枠組みは一様ではない。日本の情報教育のカリキュラムの現状はどうであろうか。

情報教育がカリキュラムとして認識されたのは，高等学校の情報処理教育としてであり，学習指導要領への位置づけは1970（昭和45）年で，商業に関する学科に情報処理科が置かれ，「電子計算機一般」「プログラミングⅠ」「プログラミングⅡ」が教えられるようになった。この時点では，計算機を扱う技術者としての情報教育が想定されていたのである。その視野が学校教育全体に広がったのは，社会の情報化がより進んだ1985（昭和60）年の「臨時教育審議会第一次答申」においてで，それを受けた「情報化社会に対する初等中等教育の在り方に関する調査研究協力者会議第一次答申」では，各校種に対して次のような方針が示されている。

　　小学校…コンピュータ等に触れ，慣れ，親しませる。直接評価に結び付けない。

　　中学校…教科の学習指導に積極的に利用し，コンピュータ等に関する事柄を必要に応じて履修させる。

　　高等学校…普通科においてもコンピュータ等に関する選択科目を設ける。

また、翌年の同第二次答申では、「情報活用能力」という概念が示されている。1989（平成元）年に告示された学習指導要領では、中学校に「情報基礎」領域が設置されることになる。選択領域ではあったものの、このときから一般に向けた情報教育が始まったと言える。それは、「情報活用能力」が専門家だけを対象とした電子計算機操作やプログラミングだけでなく、広く次の4つの要素をもつものとされたからでもある。

① 情報の判断・選択処理能力および新たな情報の創造、伝達能力
② 情報化社会の特質、情報化の社会や人間に対する影響の理解
③ 情報の重要性の認識、情報に対する責任感
④ 情報科学の基礎および情報手段（特にコンピュータ）の特質の理解、基本的な操作能力の習得

その後、1997（平成9）年の「情報化の進展に対応した初等中等教育における情報教育の推進等に関する調査研究協力者会議第一次報告」において、「情報活用能力」が、① 情報活用の実践力、② 情報の科学的な理解、③ 情報社会に参画する態度、の3つの情報教育のねらいに再整理される。これ以降、情報教育のカリキュラムは、3観点8要素からなる「情報活用能力」を育成するものとされるようになる。

1998（平成10）年告知の小学校学習指導要領では、創設された総合的な学習の時間の学習活動例の一つに「情報」が挙げられ、教科の学習においてもコンピュータを用いて情報収集・活用・整理をしたり（社会）、数量や図形の感覚を豊かにしたり、表やグラフを用いて表現する力を高めたりする（算数）ことが「内容の取扱い」の項に記載されるようになった。中学校では、選択領域「情報基礎」が必須領域「情報とコンピュータ」に変わり、また他教科におけるコンピュータの活用についても小学校同様、各所に記述が見られるようになった。さらに、高等学校には普通教科「情報」が新設され、小〜高校においてすべての学習者が何らかの形で継続的に情報教育を受けることになったのである。

このように、情報教育のカリキュラムは、情報処理教育として出発した当初は教科カリキュラムの形態であったが、情報教育の内容が拡張されることに

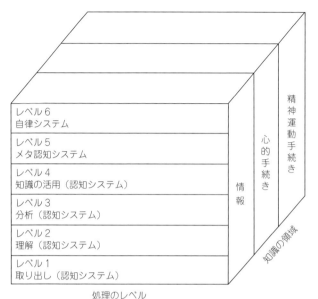

図 6-1 マルザーノの教育目標の分類

よって，教科カリキュラム，相関カリキュラム，経験カリキュラムなど，さまざまな形態を合わせもつようになったと言える[1]。

## 6.2 情報教育の内容

ここで，情報教育のカリキュラムを内容の側面から検討してみたい。ただし，その前に，教育目標との関連で内容検討の視座を定めておく。マルザーノは教育目標を，図 6-1 のように分類している。

表 6-1～6-6 には，マルザーノが設定したそれぞれのレベルにおいて，知識の3つの領域でどのような情報教育の内容が対応するか，例を示している。

［レベル 1］は，記憶している情報を取り出すことであり，［レベル 2］は情報を理解することである。したがって，情報教育における［レベル 1］の内容は，主に情報技術や情報社会に関わる知識を記憶して取り出す側面に関することである。

表6-1 情報教育の内容の例(レベル1)

| 処理のレベル | 知識の領域 | | |
|---|---|---|---|
| | 情報 | 心的手続き | 精神運動手続き |
| レベル1 取り出し | ・様々な情報機器の名前を記憶する<br>・SNS,情報格差などの語句の意味を記憶する<br>・さまざまなメディアの名称や機能を記憶する | ・表計算ソフトで連番を発生させる方法を記憶し,実行する<br>・検索エンジンを使うための方法を記憶し,実行する<br>・手計算による十進数の二進数への変換ができる | ・マウスのポインターを意図した位置に正確に移動できる<br>・情報をコピー・ペーストするショートカット操作ができる<br>・キーボードを使った文字入力が実行できる |

「情報」領域では,たとえばコンピュータやインターネットに関する語句を覚え,それを再認したり再生したりすることがそれにあたる。さまざまなメディアについて,名称や機能を再認したり再生したりすることも,ここに含まれる。

「心的手続き」領域,「精神運動手続き」領域の内容は,手順についての知識を記憶することと,その手続きを実行することである。アプリケーションの操作手順を記憶したり実行したりすることは,明白に「心的手続き」に対応する情報教育の内容である。一方,十進数から二進数への変換は,数学と同時に教科「情報」の内容であり,やはり情報教育の内容と言える。「精神運動手続き」領域の内容には,キーボードの位置を覚えて文字入力をすることなどが該当する。マウスの移動やクリックには,マウスにはボタンが組み込まれているという知識やボタンの機能についての知識,マウスの移動とポインターの移動が連動するという知識を用いて,実際に意図する場所にポインターを動かしてクリック操作を行うことが含まれている。

[レベル2]を情報教育にあてはめると,主に情報技術や情報社会に関わる知識を既有の知識の枠組と関連づけて統合するなどして,知識を構造化することなどが内容となるだろう。

「情報」領域では,情報社会が農耕社会や産業社会と異なるどのような特徴をもつのかを説明したり,エアコンが室温を自動調節する仕組みをフロー

表6-2 情報教育の内容の例（レベル2）

| 処理のレベル | 知識の領域 | | |
|---|---|---|---|
| | 情報 | 心的手続き | 精神運動手続き |
| レベル2　理解 | ・情報化社会の特徴を説明できる<br>・エアコンの自動温度調節の仕組みを説明できる | ・情報を収集し、整理・分析してプレゼンテーションするまでの手順やその理由が説明できる<br>・プログラミングにおける再帰的アルゴリズムの意味を説明できる | ・カードに情報を書き入れ、整理する手順を理解し、その操作ができる<br>・プレゼンテーション資料に、アニメーションを設定する手順を理解し、実行できる |

チャートを用いて説明することなどがこれにあたる。

「心的手続き」領域には、調べ学習の際に、情報を収集して整理・分析し、プレゼンテーション資料を作って発表するまでの手順のポイントや、それがなぜポイントなのかを説明したり、再帰的アルゴリズムにおける変数の扱いが、通常の数式とどう異なっているのかを説明したりすることが含まれる。

「精神運動手続き」領域の対象には、たとえば、カードに考えを書き入れ、KJ法などを用いてそのカードを並べたり束ねたりする操作や、プレゼンテーション資料に適切なアニメーション設定をするための操作について説明したり、実行したりすることが該当するだろう。

［レベル3］は、〈比較〉〈分類〉〈エラー分析〉によって知識を詳細化したり、〈一般化〉〈具体化〉によって知識、すなわち情報を生成したりすることである。対象が何であれ、この認知プロセスは、情報教育の内容ととらえられる。

「情報」領域の〈比較〉の例としては、電子メールとソーシャル・ネットワーク・サービスの仕組みや利用法の共通点と相違点を説明することが挙げられる。〈分類〉とは、同じカテゴリーに含まれる要素の上位概念をつくることで、新聞や雑誌とインターネットやSNSを分けて、前者に「マスメディア」あるいは「アナログメディア」、後者に「パーソナルメディア」あるいは「デジタルメディア」というような名前をつけるようなことである。

〈エラー分析〉は、入手した情報について、論理性、合理性、正確性を

表6-3 情報教育の内容の例（レベル3）

| 処理のレベル | | 知識の領域 | | |
|---|---|---|---|---|
| | | 情報 | 心的手続き | 精神運動手続き |
| レベル3 分析 | 比較 | ・電子メールとSNSの情報伝達方法の異同が説明できる | ・メルカトル図法とモルワイデ図法による世界地図の読み方の異同を説明できる | ・作図ソフトウェアで用いる，ドローツールとペイントツールの異同を説明し，実行できる |
| | 分類 | ・さまざまなメディアを視点を決めて分類できる | ・漸化式の解法パターンを整理することができる | ・飛び箱のこつを整理して分類し，やってみることができる |
| | エラー分析 | ・電子メールが相手に届く仕組みを表す図の誤りを確かめることができる | ・引き算の筆算の繰り下がりの手順におけるつまずきを指摘できる | ・マット運動の録画ビデオを見て問題点を明らかにし，修正方法を提案・実行できる |
| | 一般化 | ・異なるワードプロセッサーに共通の特徴を説明できる | ・表をグラフ化する効果や手順を説明できる | ・ワープロや表計算などのアプリケーションに共通する操作の方法を指摘できる |
| | 具体化 | ・特定の情報の公開が，どの知的財産権をクリアしなければならないか説明できる | ・地域で集めた情報をレポートに掲載するときの問題を想定し，回避することができる | ・実験結果を整理するときの留意点を理解し，実際の実験に適用できる |

チェックすることである。たとえば，電子メールを送信してから相手に届くまでの手続きを表した図に誤りがあるかどうかを確かめることは，これにあたる。

〈一般化〉と〈具体化〉は，抽象の度合を変える逆方向の処理である。事例に共通する概念をつくり出すことが〈一般化〉で，一般的なルールにあてはまる個別の事例をつくりだすことが〈具体化〉である。たとえば，複数のSNSの特徴を調べ，そこで行われるコミュニケーションに共通する特徴を説明することは，〈一般化〉にあたる。一方，知的所有権について学習したあと，その知識を「ウェブページで公開されている写真は，自由に使うことができるか」というようなクイズに適用して答えることは，〈具体化〉にあたる。ワードプ

ロセッサにはいくつかの種類があるが，それらに共通の特徴を説明するのは，〈一般化〉の内容である。特定の情報を公開するときに，それがどの知的所有権のクリアを必要とするかを説明するのは，〈具体化〉の内容である。

「心的手続き」領域の〈比較〉に対応するのは，たとえば世界地図の展開方法についての知識を用いて，2つの図法を読むときの留意点を整理することなどである。〈分類〉の例としては，漸化式の解法をパターン化することが挙げられる。筆算による引き算の誤答を見て，繰り下がりの手続きのどこでどのような誤ったルールが適用されているかを分析するのは，〈エラー分析〉である。数学だけでなく，理科や社会科などで必要となる表のグラフ化は，情報の表現形式を変換して見せ方を変えることであり，その効果や手順は〈一般化〉の内容と言える。法則やルールについての知識を用いて，具体的な事例を検討するようなことが〈具体化〉である。社会科や総合的な学習の時間などでは，地域で情報を集めて新聞やレポートにするような学習が行われるが，その際に，知的財産権などの知識に照らしてどのような問題が起こるかを予測することは，〈具体化〉の内容となる。

「精神運動手続き」領域の〈比較〉は，運動に関わるよく似た知識の異同をもとに，その動きを使い分けることを指す。作図ソフトウェアを使うときのドローツールとペイントツールの違いがわかり，それを実行するようなことである。飛び箱のこつを見出し，それを踏み切り，着手，着地などの視点で分類し，工夫しながら練習することは，〈分類〉に含まれる。体育では，試技をする自分の姿を撮影し，それを見てふり返る活動が増えてきた。それによって，問題点を見つけ出して修正方法を考え，それを実行するようなことは，〈エラー分析〉にあたる。コンピュータのアプリケーションには，コピー＆ペーストのように，共通する操作方法がある。それらを概念化して指摘することは，〈一般化〉に含まれる。理科の実験レポートの構成を学び，実際の実験に適用することは〈具体化〉の内容である。

　［レベル4］は，〈意思決定〉〈問題解決〉〈実験〉〈調査〉において，知識を活用することである。

　「情報」領域の〈意思決定〉には，情報を送信するときにどのような通信手

表 6-4 情報教育の内容の例（レベル 4 知識の活用）

| 処理のレベル | | 知識の領域 | | |
|---|---|---|---|---|
| | | 情報 | 心的手続き | 精神運動手続き |
| レベル4 知識の活用 | 意思決定 | ・特定の情報の送信に用いる通信手段を決めることができる | ・30年ローンの総支払額を計算して残高のグラフを作るための方法を決定する | ・相手ディフェンスのパターンを分析して，攻め方を決定する |
| | 問題解決 | ・光の三原色についての知識を活用して，舞台照明を計画することができる | ・雨天の日の模擬店の売り上げをモデル化して食材を準備する | ・自分のマット運動の録画を分析して，修正する |
| | 実験 | ・作成したポスターのキャッチコピーに対する反応を予想し，アンケートをとって分析する | ・サイコロを100回ふったときの各目の出る回数を予想し，ランダム関数を使ったシミュレーションによって確かめる | ・ベジェ曲線を描くための，パスの位置やハンドルの長さをさまざまに変えながら結果をふり返る |
| | 調査 | ・インターネットの不正使用についての知識を用いて，未成年者が関係した事件について調べる | ・修辞法を学んで，実際の文章でどのように使われているかを確かめる | ・サーブの練習時に，足の位置や身体や腕の使い方について少しずつ変えて，試行錯誤して最適解を見つける |

段を用いるべきかを，通信手段についての知識をもとにして，送信する情報の形体や相手の状況などに応じて決定することを含む。〈問題解決〉は，情報技術等に関連する知識を用いて，問題の解決方法を見出すことである。光の三原色と混色は教科「情報」の内容であるが，その知識を活用して，舞台照明を計画するのは，この領域の知識の活用である。〈実験〉は，知識を活用して，仮説を立てたりそれを検証したりすることである。ポスターを作成し，そのキャッチコピーに対する人々の反応を予想し，アンケートをとって分析することは，この領域といってよいだろう。そして，インターネットの不正使用の種類を学び，その知識を用いて，未成年者が関係した事件について調べることは，〈調査〉の領域の内容である。

「**心的手続き**」**領域**の〈意思決定〉は，情報を扱う手続きを決定することを

さす。したがって，30年ローンの総支払額を求めたり，年ごとの残高のグラフを作成したりするための方法を決めるのは，この領域の内容となる。〈問題解決〉は，情報を扱う手続きを用いて，問題に対する解を求めることを指す。模擬店を出す際に過去の売り上げデータを用いて，天候に応じた売り上げのシミュレーションをすることは，〈問題解決〉の領域に含まれる。賽を100回ふったときの各目の出る回数を予想し，ランダム関数を使ったシミュレーションによって確かめることは，〈実験〉にあたる。〈調査〉は，情報を扱うスキルや手順を用いて，仮説検証を行うことを言う。文章を修辞するための方法（情報の表し方）を学んで，それが実際の文章の中でどのように用いられているかを調べることは，この領域の内容である。

　**「精神運動手続き」領域**では，情報機器等の操作に関わる知識を活用したり，情報技術についての知識を活用して，何かを行うことを指す。〈意思決定〉は，試合のときに集めたデータをもとに，相手のディフェンスのパターンを分析して攻撃の仕方を決めるようなこと，つまり情報処理の結果に基づいて，運動に関わる意思決定を行うことが内容となる。

　〈問題解決〉は，情報処理の結果をもとにして問題解決を行うことで，たとえばマット運動の録画を見て，自分の問題を発見し修正するようなことである。〈実験〉は，コンピュータ・グラフィックス制作時に，ベジェ曲線を描くためのパスの位置やハンドルのバランスをさまざまに実験することは，この領域の内容である。〈調査〉には，たとえばテニスのサーブ練習で，両足の位置，身体のひねり，腕振り，上体の反らし方などの視点から打ち方を意識的に変えて，実際にやった結果をふり返って最も確率の良い打ち方を見つけ出すようなことが該当する。

　［レベル5］は，自己の学習活動を把握するメタ認知に関する内容である。この領域は，〈ゴールの特定〉〈プロセスのモニタリング〉〈明瞭性のモニタリング〉〈正確性のモニタリング〉から構成される。

　**「精神」領域**における〈ゴールの特定〉は，情報技術や情報社会に関わるどのような知識を身につけるかを決めることである。たとえば，情報格差というトピックについて，どのような知識を得るかを計画するのはこの領域である。

表6-5 情報教育の内容の例(レベル5)

| 処理のレベル | | 知識の領域 | | |
|---|---|---|---|---|
| | | 情報 | 心的手続き | 精神運動手続き |
| レベル5 メタ認知 システム | ゴールの 特定 | ・情報格差の学習で、何を具体的なねらいとするかを決める | ・イメージマップなどの手法を用いて、探究学習の計画を詳細にする | ・自分の閉脚跳びの映像を見てどこに気をつけて飛ぶか計画を立てる |
| | プロセスの モニタリング | ・ビッグデータ活用の具体例を調べる学習で、何がわかったかを自覚する | ・速度と力の関係をグラフ化する手順で不明な点をはっきりさせる | ・バスケットの攻撃パターンの練習で、想定通りに動けているかを自覚する |
| | 明瞭性の モニタリング | ・POP と IMAP の仕組みのちがいや混同しがちな点を把握する | ・インタビュー結果を処理する方法の不明な点を具体的に示す | ・キーボード入力で迷うことなく打鍵できているかを自覚する |
| | 正確性の モニタリング | ・自分の情報発信が著作権の侵害かどうかを正しく判定できるか自覚する | ・三段論法の組み立て方を正しく活用できているかどうかを自覚する | ・逆上がりの見本どおり、正しくできているかを自覚する |

〈プロセスのモニタリング〉は、実際に知識を得られているかをモニタリングすることである。たとえば、ビッグデータの活用例を調べているときに、どれくらいの情報が集まったか、それで何がわかったかを自覚するようなことである。〈明瞭性のモニタリング〉は、知識がどれくらいよく似たものと区別できる形で記憶されているかを自覚するようなことである。したがって、POP と IMAP の仕組みの異同がわかっているか、何を混同しそうかなどを自覚することがそれにあたる。〈正確性のモニタリング〉は、どれくらい正しく知識を習得しているかを問う領域である。著作権侵害にあたりそうな複雑な事例を、どれくらい正しく判断できるかを自覚することはこの領域である。

「心的手続き」領域における〈ゴールの特定〉は、探究的な学習において、イメージマップや KWL などの手法を用いてトピックについてのイメージを広げたり、調べること絞り込んだりすることがその例となる。〈プロセスのモニタリング〉は、自身がどのように情報活用を行っているかをモニタリングすることがそれにあたる。〈明瞭性のモニタリング〉は、速度と力の実験結果を

第6章 情報教育のカリキュラム

表6-6 情報教育の内容の例（レベル6）

| 処理のレベル | | 知識の領域 | | |
|---|---|---|---|---|
| | | 情報 | 心的手続き | 精神運動手続き |
| レベル6 自律システム | 重要性の検討 | ・個人情報の公開範囲の設定が，自分にとってどれぐらい重要かを説明する | ・プログラミングによって画面上の物体を動かすことが，自分にとってどれくらい重要かを説明する | ・キーボードのショートカットを習得することが，自分にとってどれぐらい重要かを説明する |
| | 有効性の検討 | ・音のデジタル化のしくみをどれぐらい正しく理解できると思うか，説明する | ・示されたグラフをどれくらい正しく読めると思うか，なぜそう思うかを説明する | ・マウスによる描画をどれぐらい自在に扱えると思うか説明する |
| | 感情状態の検討 | ・不正アクセス禁止法について学ぶことにどれくらい関心があると思うか，なぜそう思うかを説明する | ・ピラミッドチャートを用いて，プレゼンの構想を立てることにどれくらい関心があるか説明する | ・タブレット端末の操作技術を練習することにどれくらい関心があると思うか，なぜそう思うか説明する |

表にしてグラフを描く手順で，はっきりしない所を指摘することなどである。〈正確性のモニタリング〉とは，情報活用のプロセスが正確に行われているかどうかを自覚することである。三段論法による文章を構成するときに，正しく三段論法の形式になっているかどうかを自覚するのは，この領域である。

「精神運動手続き」領域における〈ゴールの特定〉は，閉脚跳びなどの運動を自分が行う映像を見て振り返り，留意点をみつけてどのような工夫をするか計画をたてるようなことが，それにあたる。〈プロセスのモニタリング〉は，たとえばバスケットボールの攻撃パターンを練習しているときに，想定通りに連携して動けていることを自覚することがそれにあたる。〈明瞭性のモニタリング〉には，キーボード入力のときにどれくらい迷いなく打鍵できているか自覚することなどが含まれる。〈正確性のモニタリング〉は，逆上がりで注意すべき箇所を，モデル通りに正しくできているかどうかを自覚することなどが含まれる。

［レベル6］は，情報教育に関わる事項に自身がどのように向き合うかに関する内容である。〈重要性の検討〉〈有効性の検討〉〈感情状態の検討〉から成

る。

「精神」領域における〈重要性の検討〉は，学習する知識がどれくらい自分にとって重要かを認識することで，たとえばSNSにおける個人情報の公開範囲を設定することが，自分にとってどれだけ重要かを自覚することである。SNSを利用しているかしていないか，どれくらい具体的な問題事例を知っているかなどで，認識される重要性は変わってくる。〈有効性の検討〉は，自分が学習すべき知識を理解できるかどうかについての認識である。音のデジタル化の仕組みを，正しく理解できるかどうかを自己認識することはその内容となる。〈感情状態の検討〉は，概当する知識の学習に対して，どのような感情をもっているかを自覚することで，不正アクセス禁止法について学ぶことにどれくらい関心があるかを表明したり，その理由を説明したりすることである。

「心的手続き」領域における〈重要性の検討〉は，モニター上でオブジェクトを指示通り動かすようなプログラミングをすることが，どれくらい重要だと思うかを自覚することである。〈有効性の検討〉には，たとえばグラフを読み取る手順をどれぐらい正しく理解できると思うかについての自覚が含まれる。〈感情状態の検討〉は，調べ学習でまとめたことをプレゼンするために，ピラミッドチャート[4]を用いて主張を絞り込むことに，どれくらい関心があるかを認識するようなことである。

「精神運動手続き」領域における〈重要性の検討〉は，キーボードのショートカットを覚えて使えるようになることが，自分にとってどれくらい重要かを認識するようなことである。〈有効性の検討〉は，ペイントソフトでマウスを使った描画を，どれくらい自在にできると思うかを説明するようなことがそれにあたる。アプリケーションの操作技術を練習することに，どれくらい関心があると思うか，なぜ練習が必要だと思うかを認識するのは，〈感情状態の検討〉に関する内容である。

このように，情報教育のカリキュラムを考えるとき，その内容は多岐にわたる。中学校や高等学校の情報教科の内容は，情報技術，情報社会，情報に関わる法律など，コンピュータやインターネットを核としたものになることが多い。

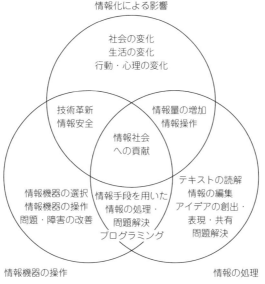

図6-2 情報教育の射程

一方で，レベル3以降の内容には，それらだけでなく，各教科の内容と関連し，学習時に情報手段を用いる中で情報の伝え方を洗練させたり，情報処理のプロセスを意識化させたりすることが含まれてくる。

## 6.3　情報教育の射程

これを図にしたのが，図6-2である。情報教育をコンピュータやインターネットなどの情報手段を活用したものに限定するときにターゲットとなるスキルは，情報機器を操作するスキルと，情報機器を用いて実際に情報を処理するためのスキルである。前者に必要なものは，対象となる機器の名称や機能についての知識（「情報」領域）と，コンピュータやプロジェクタ等の情報機器を実際に起動させ，利用するときに行われる身体活動（「精神運動」領域）である。マウスやキーボードの操作などもこれに含まれる。しかし，これらのいわゆる操作スキルは，機器が違えば，また機器（インターフェイス）の改善にともなって急速に変わっていく。項目化してトレーニングすることが必要なもの

もあるが，その内容を硬直化させるのは危険である。

　一方，後者，すなわち情報処理のスキルは，アプリケーションを用いて文章を書いたり描画したりする，表を作って計算等を行う，写真を撮影したり加工したりする等の情報作成・編集作業の手続き（「心的手続き」領域）を指す。このスキルにも，普遍的なものがあるのではなく，用いるアプリケーションやバージョンによってちがっている。手順としてトレーニングすることが必要な場合もあるが，操作の目的を達成するために必要な「操作に関わる心的手続き」を習得して，機器に応じて発見的に用いる方法（パターン）を身につけさせるトレーニングをすることも考えられる。そして，この「心的手続き」に焦点を当てると，ほぼあらゆる教科における学習内容と関連してくることになる。

　日本の情報教育のねらいは，情報社会に参画する態度を1つの柱としてきた。それは，情報社会による社会や人の暮らしの変化についての関心をもとにする。それは，これら変化についての知識だけでなく，情報化社会における自分自身についてのメタ認知や自律システムと関連してくる。

　このように，情報教育のカリキュラムは，単一のディシプリンで構成できるものではなく，さまざまな教科とも関わって，さまざまなレベルから成立している極めて広範囲なものだと言える。したがって，情報教育を専門的に行う部分だけでなく，学校教育におけるすべての活動と関連付く部分があることを，強く意識する必要がある。


注
(1) カリキュラムの類型について，古くはホプキンズ，L. T（Hopkins 1937）らは内容の統合の度合いを視点にして「教科型」と「経験型」のバランスとして示しているが，近年においては，安彦（1985）が以下の6種類に分類している。
　① 教科カリキュラム：教科・科目が相互に独立しているもの
　② 相関カリキュラム：複数の教科・科目が内容の共通性を基準に相互に関連づけられたもの
　③ 融合カリキュラム：複数教科の関連する内容を集めて，新しい領域や教科を構成したもの
　④ 広（領）域カリキュラム：全教科を再編して，新しい文化領域として構成したもの
　⑤ コア・カリキュラム：コアとそれに必要な周辺課程によって学習内容を構成したも

の
　⑥　経験カリキュラム：子どもの経験からの必要に応じて，その都度内容を構成するもの

　　Hopkins, L. T. (Ed.) (1937) *Integration : Its meaning and application*, New York : Appleton Century Crofts.
　　安彦忠彦（1985）『カリキュラム研究入門』勁草書房.
(2)　イメージマップとは，中心となるアイデアから連想する事項を周りに広げて，アイデアを拡散的に展開していく手法。ウェビング，バブルマップなどとも呼ばれる。
(3)　KWL とは，学習するトピックについて，知っていること（What I〈K〉now），知りたいこと（What I〈W〉ant to Know），学んだこと（What I〈L〉earned）の3つの段階にわけて書いていく図表のこと。
(4)　ピラミッドチャートとは，複数の層から成るピラミッド型の図表で，低層に事実を並べて上の層に向けて抽象化していく使い方と，最上層に主張をおいて，それを支持する根拠を掘り下げていく使い方がある。

# 第7章
# 情報活用能力とメディア・リテラシー

中橋　雄

## 7.1　情報活用能力とメディア・リテラシーの接点は？

　教育工学には，「情報教育」「情報活用能力」とは別に，「メディア教育」「メディア・リテラシー」に関する研究領域がある。2000年に発刊された『教育工学辞典』では，教育工学が対象とする研究領域として「認知」「メディア」「コンピュータ利用」「データ解析」「ネットワーク」「授業研究」「教師教育」「情報教育」「インストラクショナル・デザイン」「教育工学一般」といったカテゴリーが示された。その中で，「情報教育」「情報活用能力」という用語は「情報教育」のカテゴリーにおいて説明され，「メディア教育」「メディア・リテラシー」という用語は「メディア」のカテゴリーに位置づいている。異なる研究領域であると整理されながらも関連性の深いこれらの用語は，時として区別されずに使われ混乱を招くこともあったが，研究成果を相互に活かして発展してきた。本章では，「情報教育」研究の理解を深めるために，情報活用能力とメディア・リテラシーの共通点と相違点について検討する。

## 7.2　用語の定義と相関

　「情報教育」という用語は，文部省（1991）が発行した『情報教育に関する手引』において，臨時教育審議会での議論を踏まえ，情報活用能力を育成する教育として説明されている。情報活用能力は，必ずしもコンピュータに関する教育ということではないが，コンピュータの普及や技術的な進化に伴って情報化社会の進展が議論されてきたこともあり，『情報教育に関する手引』におい

ても，多くの内容がコンピュータとの関連で取り扱われている。

その後，「情報化の進展に対応した初等中等教育における情報教育の推進等に関する調査研究協力者会議」の第1次報告（体系的な情報教育の実施に向けて）では，情報活用能力の内容を「情報活用の実践力」「情報の科学的な理解」「情報社会に参画する態度」の3つに整理し，これに続く「情報教育の実践と学校の情報化～新「情報教育に関する手引」～」（平成14年6月 文部科学省）や「教育の情報化に関する手引」（平成22年10月 文部科学省）にも継承されている。

こうした行政に関わる報告や手引には，日本教育工学会に所属する研究者が関わってきた。「情報教育」「情報活用能力」という用語は，それ以前から行われてきたさまざまな研究が結実したものであり，これらの用語・定義を多くの研究者が採用してきたと言える。一方，「メディア教育」「メディア・リテラシー」に関しては，総務省，文部科学省などの報告書等で用語が使われているが，それらの枠組みと学術的な枠組みは完全に一致していない。

それは，「メディア・リテラシー」が，一定の共通項はもちながらも，属する社会や時代の背景に応じて，比重や内容を変えうるものであるからと考えられる。中橋（2014）は，「メディア・リテラシーとは，メディアの意味と特性を理解した上で，受け手として情報を読み解き，送り手として情報を表現・発信するとともに，メディアのあり方を考え，行動していくことができる能力のことである」としつつも，「現在，そして，未来の社会におけるメディアと人間の関わりがどうなっているか，そこで求められるメディア・リテラシーとは，どのようなものかということは，常に問い直していく必要がある」と述べている。メディア・リテラシーは，常にそのあり方を問い直していく必要があるものとして，ゆるやかな枠組みの中で多様な定義を許容しながら発展してきた歴史的な経緯がある。

メディア・リテラシーは，学術的な取り組みにおいても，教育工学だけではなく，社会学における「メディア論」や「コミュニケーション論」などの領域でも研究が行われ，相互に参照されてきた。このことから，メディア・リテラシーに関する研究は学際的なものであると言えるだろう。『教育工学辞典』においては，生田（2000）が，メディア・リテラシーを「メディアをコミュニ

ケーションの送信・受信行動に活用できる力。広くは，自己をメディアにより表現し，メディアで表現されるメッセージの意味を解釈する総合的力を指す概念である。文字の読み解き能力に限定した伝統的なリテラシーの概念があるが，一般的にはこれと区別される。」としている。幅広く，抽象的な能力として語られているのは，それまでに語られてきた多様な能力の複合体として考える必要があることを示唆している。

　そして，高桑 (2000) は，メディア教育を「様々なメディアについて，メディア作品の分析と制作を通じ，批判力および創造力を体系的に発達させる教育」であり，「視聴覚教育が，第一義的に教育活動において各種のメディアを効果的，効率的に活用することをめざす意味を持つのに対し，メディア教育はメディアそのものを教育の内容とし，メディアについての理解と活用の能力の育成をめざす点に特徴がある。」としている。また，1990年代にはコンピュータや各種視聴覚機器等の機械的なメディアを利用する教育活動を「メディア教育」とする見解もみられるようになったが，「メディア教育」をより厳密に「メディア・リテラシーの教育」と理解することが適切であろうと指摘している。

　これらの説明を拠り所にするのであれば，情報教育は情報活用能力を育む教育のことで，メディア教育はメディア・リテラシーを育む教育のことであると言える。では，情報活用能力とメディア・リテラシーの違いは，どのような点にあるのだろうか。山内 (2003) は，デジタル社会において必要不可欠な素養として主張されているリテラシーには，「情報リテラシー」「メディアリテラシー」「技術リテラシー」という3つの流れがあるとして，その関係を図7-1のように整理している。図中に「情報活用能力」と表記されているように，ここでの「情報リテラシー」は，情報活用能力と同義であると考えられる。

　これらの説明において，情報リテラシー（情報活用能力）は，「人間が情報を処理したり利用したりするプロセスに注目し，情報を探すこと・活用すること・発信することに関するスキルを身につけることをねらいにしている」とされている。一方，メディア・リテラシーは，「人間がメディアを使ってコミュニケーションする営みを考察し，メディアに関わる諸要因（文化・社会・経

第7章 情報活用能力とメディア・リテラシー

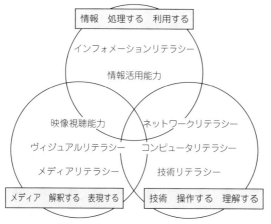

図7−1 情報・メディア・技術のリテラシーの相関図
出典：山内（2003）．

済）とメディア上で構成される意味の関係を問題にしている」と説明されている。なお，技術リテラシーは，「情報やメディアを支える技術に注目し，その操作及び背景にある技術的な仕組みを理解することを重視している」とされている。その上で，山内は，情報リテラシー（情報活用能力）を研究する立場にメディア論的視点の欠如，技術に対する思考停止という問題があると指摘している。

このように，情報活用能力とメディア・リテラシーは切り離せない関係にありながらも，何に比重を置いて教育・研究に取り組むのかということについては，問題意識や研究対象へのアプローチが異なる概念だととらえることができる。それぞれの研究に取り組む研究者や，求められる背景といったルーツや発展の経緯が異なるものということができるだろう。

## 7.3 情報教育の変遷とメディア教育の位置づけ

情報教育の内容は，情報技術の発展や時代背景によってその概念が拡張されてきた。中橋（2014）は，岡本（2000）および中橋（2005a）を参考に，「情報教育」の概念が時代を経て蓄積・拡張されてきたことを整理している（図7−2）。

127

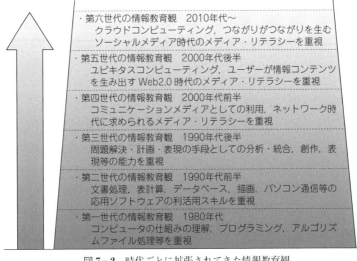

図7-2 時代ごとに拡張されてきた情報教育観
出典：中橋（2014）．

この整理は，時代の変化に応じて，情報教育としてすでにあるものを継承しつつ新しい内容を取り込むことで，情報教育あるいはその研究の内容が拡張されてきたことを表現したものである。つまり，第六世代（2010年代～）においても第一世代（1980年代）に示したプログラミングやアルゴリズムに関わる内容は情報教育として扱われている。そして，情報教育の中でもメディア・リテラシーの要素が重視され始め，いくらか内包されたものとして位置づけられていることが示されている。以下では，時代ごとに情報教育として何が重視されてきたか，メディア・リテラシーはどのように位置づいていたかということについて考察する。

## （1）第一世代の情報教育（1980年代）

第一世代の情報教育（1980年代）は，コンピュータの仕組みやプログラミング，アルゴリズム，ファイル処理等について学ぶことを重視していた。コンピュータは，スタンドアロン（他のコンピュータとネットワークで接続しない状態）で使われることが多く，コンピュータとユーザーとの関係性に閉じられ

ていた。この時代のコンピュータは，ユーザーが入力したことに対して人間には不可能なほどの速さで情報処理し，結果を出力する計算機として活用されることが多かった。また，使いこなすためには高度な技術が必要とされた。そこで，情報処理の道具としてコンピュータを扱う能力の育成が，情報教育として目指されていたと言える。メディアは，送り手と受け手を媒介するものであり，この時点において，情報教育として扱う内容の中にメディア・リテラシーを位置づけることは難しい。

## （2）第二世代の情報教育（1990年代前半）

　第二世代の情報教育（1990年代前半）は，第一世代の情報教育に加え，文書処理，表計算，データベース，描画，パソコン通信等，応用ソフトウェアの活用スキルを育成することが重視されていた。この時代のコンピュータは，計算機としてだけでなく表現するための道具として使われるようになった。このような利用方法において，文書や図表・イラストなどは，それを見る人を想定して作成されるものであるため，コンピュータが人と人とのコミュニケーションを媒介する「メディア」としての役割を果たすことになる。「情報活用能力」という用語が使われ始めたこの時代から，メディア・リテラシーとの接点を見出すことができる。

　ただし，当時の家庭用パーソナルコンピュータは，比較的高価で，使いこなす技術も求められたため，どの家庭にも普及するまでには至っていない時代であった。一方で，新聞・テレビ・雑誌・ラジオなどのマスメディアは，すでに社会基盤として確立しており，影響力も大きいと考えられていた。

　そのため，この時代のメディア・リテラシーに関する教育や研究が対象としていたのは，主にマスメディアに対するリテラシーであったと言える。情報活用能力とメディア・リテラシーの教育・研究がそれぞれの領域で確立されていったのは，そうした背景があったことも要因のひとつとして考えられる。

## （3）第三世代の情報教育（1990年代後半）

　第三世代の情報教育（1990年代後半）は，第一・第二世代に加え，問題解

決・計画・表現の手段としての分析・統合，創作，表現等の能力が重視されるようになった。単にソフトを使うことができるというスキルの獲得を超えて，情報技術を活用することで何を実現できるのか，ということに目が向けられた。

　インターネットとそれにアクセスするためのパーソナルコンピュータの普及は加速していった。また，新聞・テレビ・雑誌・ラジオなど既存のマスメディア業界においても，映像，音声，印刷などをデジタル化して扱う技術をどう活かすか検討されるようになっていった。こうした状況の中で，インターネットが，マスメディアと並ぶ社会的な情報インフラストラクチャーとして位置づく将来像も，さまざまな立場から提案されていった。

　中橋ら（2003）は，「インターネットが普及した今日では，比較的容易に個人が情報を表現し，情報発信し，多様なコミュニケーションを生み出していくことができる。従来のメディア・リテラシー研究は，主にマスメディア対個人という関係性の中で，情報を批判的に読み解くということが中心的課題であったが，今後はこのような新しいコミュニケーションも含めて考えていかなくては，時代に即したものとはならない」と指摘している。

　情報教育もメディア教育も，情報技術を用いた社会的なメディア・コミュニケーションを対象としたものへと領域を広げたことにより，相互に重なり合う部分が大きくなった時代と言えるだろう。

### （4）第四世代の情報教育（2000年代前半）

　第四世代の情報教育（2000年代前半）は，ネットワーク化されたコンピュータをコミュニケーションのためのメディアとして活用する能力が重視されていた。3DCGや映像編集も含んだデジタルメディア表現能力，メディアの特性を理解し，構成された情報を主体的に読み解く力，情報モラルなどにも注目が集まることとなる。

　中橋（2005b）は，メディア・リテラシー研究の一貫として，デジタルメディア表現能力の育成過程において，学習者がどのような状況で何をどのように学んでいくのか，教師によってどのような学習支援が行われていたかを質的な研究方法によって明らかにしている。この研究の対象となった授業は，情報

教育として実践されたが，メディアの生成プロセス，メディアの特性について体験的に学ぶことを目的としている。この研究は，情報教育とメディア教育が融合した教育実践が研究対象として扱われるようになった具体事例と言える。

また，後藤（2005）は，メディア操作スキル，批判的思考，主体的態度の3つを下位尺度とするメディア・リテラシー尺度を作成し，その信頼性と妥当性を検討している。この中では，テレビ，ニュース，コマーシャル，新聞，本だけではなく，インターネットに関する項目が含まれるようになってきている。この研究では，「デジタル時代のメディア・リテラシーは，メディアからの情報を漫然と受容するだけではなく，自ら進んで情報を求めたり，疑問点があったら複数のメディアにあたって情報を収集したりする主体性が必要」だとしている。以上のように，メディア環境の変化によって，それまで主に情報活用能力の研究として語られてきた領域も，メディア・リテラシーの研究対象として扱われるようになっていった。

### （5）第五世代の情報教育（2000年代後半）

第五世代の情報教育（2000年代後半）は，さらに，ユビキタスコンピューティングの環境下における Web2.0 時代のメディア・リテラシーが求められるようになった。いつでもどこでも誰でもインターネット上の情報にアクセスできる環境や利用形態をユビキタスコンピューティングという。持ち運びが容易な携帯情報端末，携帯電話からもインターネット接続が可能になり，利用者を増やした。また，商用サービスとしてブログや SNS をはじめとする CGM（Consumer Generated Media）が使われ始め，Web サイトを作る技術というよりも，多様な形態でコミュニケーションを生み出す能力が重視されるようになった。個人の情報発信や，インターネットを通じた人との関わりが質・量とも飛躍的に増大した時代である。

佐藤ら（2012）は，「ニュース番組の制作体験（国語）」「ディベート（国語）」「情報産業・情報化社会の学習（社会）」「心の発達についての学習（保健）」「保護者とのネットルール作り（道徳）」「開校50周年記念ビデオ制作（総合）」といった教科・領域を横断したメディア・リテラシー学習プログラムを

開発・評価している。このプログラムは，Weblog を活用して児童が授業の振り返りや自分の考えを書き込み，担任や保護者がコメントを書き込む活動を取り入れている点に特徴がある。ネットワーク上での表現能力，コミュニケーション能力の育成を目的としており，メディア教育を主たる目的とした学習において，情報活用能力が育まれる状況が生まれてきたことを確認できる。

(6) 第六世代の情報教育（2010年代〜）

第六世代の情報教育（2010年代〜）は，クラウドコンピューティングが実現するソーシャル・メディア時代のメディア・リテラシーが重視されるようになった。利用者が自分の端末を通じて，インターネット上のハードウェア，ソフトウェア，データを，その存在や仕組みを意識することなく利用できる環境や利用形態のことをクラウドコンピューティングという。そうした利用形態のもとで一般大衆に広く開かれた動画共有サイト，SNS，マイクロブログなど，つながりがつながりを生み，世の中の話題を生み出すメディアの特性や影響力を理解して活用する能力や，それらによって人々のライフスタイルや価値観がどのように影響を受けるかを考え行動できる能力が重視されることになる。

以前は，ネットを仮想空間として現実の社会と区別してとらえる見方もあったが，もはやネットは現実社会と切り離して考えることはできない現実社会そのものとなった。携帯情報端末を使い，オンラインで映画，音楽，書籍，ゲームなどのコンテンツを購入できる時代，ユーザーが知を集積していく CGM が自然なものになる時代，マスメディアだけではない市民メディアが台頭する時代が到来したのである。

## 7.4　日本教育工学会における
　　　　メディア・リテラシーに関する研究

以上のように，情報技術の進歩に伴う社会の変化に対応して，メディア・リテラシーと情報活用能力が交わる領域は広くなってきたと考えられる。では，これまで日本教育工学会では，メディア・リテラシーに関してどのような研究

がなされてきたのだろうか。以下では，先行研究をレビューすることで，「情報活用能力」と「メディア・リテラシー」との相違点について考察する。1985年から2014年までの30年間に日本教育工学会の論文誌，大会講演論文集，研究報告集に掲載されたもので，タイトルに「メディア・リテラシー」「メディアリテラシー」という用語を含むものは112件あり，その内訳は，論文誌9件，大会講演論文集85件，研究報告集18件であった。もちろん，タイトルにその用語を含まないメディア・リテラシーに関する研究は他にも多く蓄積されてきてはいるが，ここではタイトルにその用語を含むもののみに分析対象を絞って先行研究を概観する。

　分析対象とした112件の研究について，その主たる研究目的に基づいてオープンコーディングを行い，関連性のある研究をカテゴリー化することによって，研究アプローチの広がりを確認した。生成されたカテゴリーは，「(1) 概念・構成要素」「(2) 能力測定」「(3) 実践研究」「(4) 教材開発」「(5) 教員養成・教師教育・教員支援」「(6) 諸外国の調査」であった。以下では，それぞれのカテゴリーごとに事例を挙げながら詳細を検討する。

## (1) 概念・構成要素

　メディア・リテラシーの概念，能力の体系・構成要素に関する研究が，「概念・構成要素」のカテゴリーに含まれる。教育工学の領域でこうした研究が行われてきたのは，系統的なカリキュラムを構成し，授業をデザインし，教育実践を行うためには，教育目標となりうる能力の構成要素を整理することが重要な意味をもつからであると考えられる。

　中橋ら (2003) は，メディア・リテラシーの構成要素を6カテゴリー18項目に整理した。そして，この整理をもとに，ソーシャルメディア時代に対応したメディア・リテラシーの構成要素として「(1) メディアを使いこなす能力」「(2) メディアの特性を理解する能力」「(3) メディアを読解，解釈，鑑賞する能力」「(4) メディアを批判的に捉える能力」「(5) 考えをメディアで表現する能力」「(6) メディアによる対話とコミュニケーション能力」「(7) メディアのあり方を提案する能力」という7カテゴリー21項目に再整理している (中橋 2014)。

また，浅井ら（2014）は，メディア・リテラシー教育実践を行おうとする教師が参考にする可能性の高い教育関連の専門書に掲載されている小学校での実践報告を分析し，読者にどのような範囲の能力としてメディア・リテラシーのイメージが形成されうるかを明らかにしている。その結果，「受け手の批判的思考力」「送り手の批判的思考力」「メディアと関わる知識と技能」といったカテゴリーに含まれる11の能力育成を目指した実践事例を確認している。

前者は，先行研究の整理に基づき整理されたものだが，後者は，それらが実践のかたちで公表されることにより再生産された概念をとらえようとした研究と言える。いずれも教育実践に活用されることを前提として整理されている点も，教育工学的な研究の特徴ととらえることができる。メディア・リテラシーが求められる理由は，属する時代や社会の背景に応じて変化しうる。そのため，その概念も，歴史的な積み重ねを参照しつつ変化していくことを前提としてとらえ直す必要がある。

こうした研究からも，情報活用能力とメディア・リテラシーのルーツが異なることは読み取れる。特に情報活用能力を育成するカリキュラムで目にすることの多い，プログラミング，アルゴリズム，シミュレーション，アナログ−デジタル変換といった用語は，メディア・リテラシーの能力項目や，それに基づく実践では見受けられない。それは情報活用能力が，その能力の構成要素として情報機器の制御やデータ解析に関わる情報処理の技術習得を重視してきたのに対し，メディア・リテラシーは社会的・文化的な意味解釈，つまり，人と人との関係性に関わる能力育成を重視してきたからであると考えられる。

（2）能力測定

メディアを学ぶことに関する認知や思考の過程，発達段階に着目した研究や，メディア・リテラシーを測定する評価指標に関する研究などが，「能力測定」のカテゴリーに含まれる。

たとえば，短大生を対象として，サブリミナルの知識を得ることがサブリミナル映像の読み解きに影響を及ぼすことを実験的調査により明らかにした研究（三宅1997）や，2Dと3Dの映像表現手法の違いが映像理解に影響を及ぼすか

どうか検証し，見慣れた2Dアニメーションよりも目新しい3Dアニメーションに興味をもつが，内容理解の点では2Dのほうが高い評価であったことを明らかにした研究（三宅 2000）など，映像を理解する人間の能力に関して実験的な調査研究を行ったものがある。

　また，成人を対象にメディア機器の活用能力を中心としたメディア・リテラシーの実態調査を行った池田ら（1998）の研究などもある。このような実態調査や意識調査は，ある刺激に対してどういった反応を起こすか実験的に調査する研究とはアプローチが異なるが，メディア・リテラシーを人間の能力として測定することを目的としている。

　佐藤ら（2012）は，小学生段階で実施されたメディア教育によって育成されたメディア・リテラシーを測定すべく，中学生になった学習者に追跡調査を行っている。先行研究を参考に作成した31項目4件法の評価尺度を用いて検証したところ，学習した直後の能力が維持されていることが確認されたという。これは，意図的に行われた教育実践の効果を検証しようとしたものである。このように，教育現場に直接活かされることを目指し，統制をかけやすい実験環境とは異なる教育現場をフィールドとした調査も重視されている。

　以上の通り，能力としてのメディア・リテラシーを測定することを目的とした研究においても，評価対象としている能力の要素や測定方法において，情報活用能力，情報教育の研究とは観点が異なることを確認できる。それらの知見は，情報教育に関わる研究者にとっても参考になるものである。

### （3）実 践 研 究

　メディア・リテラシーを育むことを目的とした学習プログラムの開発・評価など，授業に関する実証的な研究が「実践研究」のカテゴリーに含まれる。

　高橋ら（2003）は，「映像を使って表現する送り手の立場」と「映像を分析的に読み解く受け手の立場」を往復させる単元モデルを開発して実証実践を行った。デジタルカメラで撮影した写真を使ってスピーチをする活動において，学習者が意図に沿った写し方の大切さに気づけたことや，CM分析の学習活動によって，写し方の工夫と制作者の意図の関係について記述することができた

と報告している。

　塩田ら（2005）は，テレビゲーム産業について知るとともに制作者の意図や思いを考える「ゲームとのつきあい方を考える授業実践」を開発した。テレビゲーム産業に関する解説，テレビゲームに夢中にさせる制作者の工夫について考える活動，ゲーム制作者の工夫や思いを紹介するといった一連の実証実践を通じて，学習者は自分とゲームとの関係を自覚的に問い直すことができたという。

　八崎ら（2006）は，ニュース番組を作る学習過程を通じてメディア・リテラシーを育む実践の開発と評価を行った。受け手にとって意味のある話題をどう取り上げるか，取材方法にはどのようなものがあるか，伝えたいことの中心がよくわかるようにするにはどう編集したらよいか，などについて考える。そのことを通して，目的に応じた情報の配列・編集について理解させることを目的とした実践である。国語科，社会科，総合的な学習の時間を組み合わせて合科的に実践された。

　ゲームとのつきあい方を対象としていることや，ニュース番組を対象として「メディアは送り手の意図によって構成されている」という特性を理解させることなどは，情報活用能力の育成を目指した実践ではあまり見受けられない。このように授業の目的・内容・方法を確認することから，メディア・リテラシーと情報活用能力の境界を推し量ることができる。


（4）教材開発

　メディアを学ぶ教材の開発に関する研究が，「教材開発」のカテゴリーに含まれる。ある問題意識に基づき教材を開発する研究，それに加えて，その効果について評価を行う研究などがある。

　たとえば，高橋ら（2005）は，「雑誌・新聞の特徴」「写真を使った伝え方の工夫」といった内容を扱ったメディア・リテラシー教育のための児童向けテキストを開発した。テキストを活用した実践を行い検証した結果，児童の情報・メディアに対する関心・意欲・態度，およびメディアの特性に関する知識・理解について効果を確認できたと報告している。

そして，駒谷ら（2006）は，「テレビの中の空想と現実の理解」について扱った小学校低学年対象のメディア・リテラシー教育用教材を開発し，実証実践によって評価を行っている。ビデオとワークシートがパッケージになった教材を活用した実践の結果，「テレビの現実性理解度」が上昇するとともに，この教材を使用しても児童の一般的なファンタジーは維持されることを明らかにした。

また，中橋ら（2014）は，擬似ニュースサイトの記事とコメントを読み解くことで，ユーザーが生成するメディアの特性について学ぶ，ソーシャルメディア時代のメディア教育用教材を開発し，評価している。小学校と高等学校で実証実践を行った結果，いずれも学習効果を確認できたが，発達段階によって学び取る要素が異なる可能性があることを報告している。

これらは，情報活用能力の育成にも活用できる教材，あるいは参考になる知見だと言えるが，メディアの社会的・文化的な意味解釈や社会的影響力を意識して表現・発信する能力，メディアのあり方について考える能力の育成に重点が置かれている。また，社会システムとしてのマスメディアを対象にしたもの，記号としての映像や文章表現を対象にしたものなど，対象となるメディアの種類や次元も多様であり，コンピュータやネットワーク以外のメディアもそれらと同様に重視している点に特徴がある。こうした点に「情報活用能力」ではなく，「メディア・リテラシー」の育成を主たる目的とした教材と研究の特徴を確認することができる。

### （5）教員養成・教師教育・教員支援

教員養成系大学におけるメディア・リテラシー教育実践の開発と評価，教師を対象とした研修プログラム開発，メディア教育を行おうとする教師がメディア・リテラシーについて学ぶための場に関する研究などが，「教員養成・教師教育・教員支援」のカテゴリーに含まれる。

たとえば，棚橋ら（2008）は，小学校でメディア・リテラシー教育を実施しようとする教員が，既存の教科カリキュラムの中でメディア・リテラシー教育を実践するための手がかりを提供するため，メディア・リテラシー教育に関す

る学習活動を分類した支援表を作成している。

　また，酒井（2006）らは，教師がメディア・リテラシーに関する教育実践について学ぶオンライン学習プログラムを開発した。教師は，動画資料，PDF資料，電子掲示板などを利用して学ぶことができる。教師とメディア業界に勤務する人々，メディア・リテラシーの研究者，ベテラン実践者との相互作用を通じて学ぶ学習環境における教師の成長を検証した点に特徴がある。

　岡部ら（2010）は，NHK デジタル教材の活用を基本に据えたカリキュラムと授業実践で活用できるワークシートなどを含むパッケージを開発した。このパッケージは，「記号」としての映像次元とリテラシーとしての「教養」という視点で，映像に対する学習者の主体的・自己反省的な態度を育成しようとする教師の授業設計を支援するためのものである。

　いずれもメディア・リテラシー教育の重要性が認められる一方，教師の支援が充分でないことを問題意識として研究が行われている。教材不足の問題だけでなく，現在の教育課程への位置づけや，メディア関連企業との連携について模索していることなどに特徴がある。教員養成・教師教育・教員支援の研究においても，情報教育とメディア教育では違いがあることを確認することができる。

### （6）諸外国の調査

　諸外国におけるメディア・リテラシーの教育・研究動向を調査したものなどが，このカテゴリーに含まれる。

　小平（2000）は，イギリス，カナダ，アメリカ，オーストラリア，そして日本の放送機関，メディア関連機関の取り組みに着目して調査を行っている。メディアに関する学習を行うことができる学校放送番組や成人向け学習番組の提供，視聴者全般に向けての教育キャンペーン，番組制作，放送の仕組みを知る機会の提供など，それぞれの国の状況を整理している。

　上杉（2003）は，カナダ・オンタリオ州のメディア・リテラシー教育で使用されている「英語科」と「メディア科」の教科書を比較検討している。前者が，メディアをめぐる諸問題に対する意識を高め，生徒自身の探究を助けるという

アプローチを取っているのに対し，後者は，執筆者によって整理されたメディアを読み解く視点・枠組みを生徒に提供し，鋭く批判しようとする傾向があることを明らかにしている。

中村（2009）は，西オーストラリア州のカリキュラム，教科構造，指導計画，学習者の意識調査を行い，メディア・リテラシー教育の現状と課題を分析している。その結果，西オーストラリア州のメディア・リテラシー教育は，系統的・教科横断的カリキュラムであること，制作と分析の学びの往還が学習者の意欲を高めていること，「書くこと」が分析理論の理解に有用であることなどの示唆が得られたとしている。

以上のように，メディア・リテラシーが注目されてきた社会的・文化的な背景，学校教育・社会教育における取り組み，授業や教材など，国ごとにその取り組みに違いを見出すことができる。こうした研究からも，コンピュータやインターネットの仕組みの理解や活用スキルに比重が置かれた情報教育と制作と分析を通じてメディアの特性を学び，そのあり方を問いなおすメディア教育との違いを感じ取ることができる。

## 7.5 今後の展望

以上のように，情報教育とメディア教育それぞれに関わる研究は，相互に影響を与えながら発展してきた。情報技術によって生み出された新たなメディアの社会的な影響力が大きくなるにつれて，情報教育はメディア・リテラシーの育成も目指すようになってきた。同様に，時代の流れの中で，メディア教育もその対象とするメディアの範囲を広げている。近年では，相互に研究・教育の領域を拡張する中で，互いに重なりあう部分が大きくなってきている現状がある。

しかし，それらの研究領域をひとつのものとして単純に統合しようとすることについては，慎重に検討しなければならない。これまでそれぞれの分野で蓄積されてきた研究成果には，それぞれに異なる問題意識と専門性がある。無理に統合することで失われることがあるとするなら，デメリットのほうが大きい。

このことから，情報活用能力の研究領域とメディア・リテラシーの研究領域は，それぞれに深めた専門性を相互に参照することによって知見を活かしあうという関係性を維持することが望ましいと考えられる。

［付記］
7.3節は，拙書（中橋 2014）第8章を大幅に加筆修正したものである。

**参考文献**

浅井和行・中橋雄・黒上晴夫・久保田賢一（2014）「専門書が実践報告を通じて伝えているメディア・リテラシーのイメージ」『日本教育工学会論文誌』37(4)：505-512.

後藤康志（2005）「メディア・リテラシー尺度の作成に関する研究」『日本教育工学会論文誌』29(Suppl.)：77-80.

八崎和美・荒木泰彦（2006）「ニュース番組制作を通してメディアリテラシー能力を育てる」『日本教育工学会研究報告集』2：219-222.

池田正浩・水越敏行・久保田賢一（1998）「成人のメディアリテラシーの実態とその分析」『日本教育工学会大会講演論文集』14：491-492.

生田孝至（2000）「メディアリテラシー」『教育工学辞典』ぎょうせい．

小平さち子（2000）「「メディア・リテラシー」の取り組みをめぐる世界の動向」『日本教育工学会大会講演論文集』16(2)：377-378.

駒谷真美・無藤隆（2006）「小学校低学年向けメディアリテラシー教材の開発研究」『日本教育工学会論文誌』30(1)：9-17.

三宅正太郎（1997）「サブリミナル映像に対するメディアリテラシーの育成に関する研究」『日本教育工学会大会講演論文集』13：55-56.

三宅正太郎（2000）「メディアリテラシー育成に関する実証的研究(1)：映像の表現手法の違い（2Dと3D）が映像理解に与える影響について」『日本教育工学会大会講演論文集』16(2)：379-380.

文部省（1991）『情報教育に関する手引』ぎょうせい．

中橋雄・水越敏行（2003）「メディア・リテラシーの構成要素と実践事例分析」『日本教育工学会論文誌』27(Suppl.)：41-44.

中橋雄（2005a）「メディア・リテラシー──実践事例の分析」水越敏行・生田孝至（編）『これからの情報とメディアの教育』図書文化社．

中橋雄（2005b）「ディジタルメディア表現能力の育成過程に関する質的研究──メディア・リテラシー研究の重点課題として～」『日本教育工学会論文誌』29(2)：119-131.

中橋雄（2014）『メディア・リテラシー論──ソーシャルメディア時代のメディア教育』北樹出版．

中橋雄・新りこ・佐藤和紀（2014）「ニュースサイトを事例としてUGMの特性を学ぶメ

ディア・リテラシー教育用教材の開発」『日本教育工学会大会講演論文集』30:87-88.
中村純子(2009)「西オーストラリア州におけるメディア・リテラシー教育の現状と課題」『日本教育工学会論文誌』33(2):161-170.
岡部昌樹,村井万寿夫(2010)「NHKデジタル教材を活用したメディアリテラシー育成カリキュラムの開発とパッケージ評価」『日本教育工学会研究報告集』JSET10-5:203-208.
岡本敏雄(編)(2000)『インターネット時代の教育情報工学1』森北出版.
酒井俊典・八重樫文・久松慎一・山内祐平(2006)「教師のメディア・リテラシー学習を支援するオンライン学習プログラムの開発」『日本教育工学会論文誌』30(2):113-123.
佐藤和紀・大山努・南部昌敏(2012)「中学生への追跡調査からみた小学校におけるメディア・リテラシー育成要素の提案」『日本教育工学会論文誌』36(Suppl.):149-152.
塩田真吾・藤川大祐・八木航(2005)「「テレビゲームとの付き合い方」を考える授業実践の開発——メディアリテラシー教育の手法を活用して」『日本教育工学会大会講演論文集』21:259-260.
高橋伸明・中村ひとみ・前田知之・上村千栄・淺野浩二・木山博文・山本英治・藤原一志・堀田龍也(2003)「メディア・リテラシーを育てる授業作りのための単元モデルに関する研究」『日本教育工学会大会講演論文集』19:239-240.
高橋伸明・堀田龍也(2005)「メディア・リテラシー教育のための児童向けテキストの開発」『日本教育工学会大会講演論文集』21:257-258.
高桑康雄(2000)「メディア教育」『教育工学辞典』ぎょうせい.
棚橋美保・今井亜湖(2008)「教科教育におけるメディア・リテラシー教育を支援するための分類表の作成」『日本教育工学会論文誌』31(Suppl.):9-12.
上杉嘉見(2003)「カナダ・オンタリオ州のメディア・リテラシー教育における2つのアプローチ——「メディア科」と「英語科」の教科書の比較検討」『日本教育工学会大会講演論文集』19(1):245-246.
山内祐平(2003)『デジタル社会のリテラシー——「学びのコミュニティ」をデザインする』岩波書店.

第 8 章

# 情報教育を支援する教材・システムの開発

香山瑞恵

## 8.1 情報教育に関係する国内外の動向

### 8.1.1 我が国の情報教育

2006年に坂元が指摘した我が国の情報教育の課題のひとつ:「ネットワーク学習社会を生き抜く21世紀の人材像の明確化と育成」(坂元 2006) が, 実現されようとしている。日本の情報教育は, 情報活用能力を育む教育である (文部科学省 2011)。情報活用能力に関する必履修教科目には, 中学校の技術家庭科 (技術分野) と高等学校の共通教科「情報」がある。これらに加え, 各教科等を通じた情報教育として, たとえば小学校段階では, コンピュータや情報通信ネットワークなどの情報手段について「基本的な操作や情報モラルを身に付け」るとともに,「適切に活用できるようにするための学習活動を充実する」とある。また, 中学校段階では,「情報モラルを身に付け」るとともに,「情報手段を適切かつ主体的, 積極的に活用できるようにするための学習活動を充実する」, そして高等学校段階では,「情報モラルを身に付け」るとともに「情報手段を適切かつ実践的, 主体的に活用できるようにするための学習活動を充実する」とされている。この方針のもと, 初等中等教育においては, 指導法の開発のみならず学習を支える教材・システムの開発が進められてきた。

### 8.1.2 国際社会における情報教育

世界的な動向では, 2009年に OECD から示された21世紀型スキル (21st century skills) (Ananiadou & Claro 2009) について, 将来の一層高度な情報化が進んだ次世代を担う人材育成を意識した新たなコンピテンシーとして, その育成

のための方策が検討されている。また，北米や英国での初等中等教育における情報学関連教科で意識されている計算的思考（Computational Thinking）は，2006年に J. M. Wing により，大学入学前の児童生徒に必要な能力として提唱した概念である（Wing 2006）。計算的思考は，すべての教科目を学ぶ際の思考の道具とされている。バス停に並ぶ人々の列は「FIFO のキュー」，洗った皿を積み上げていった後上から利用するのは「FILO のスタック」，ランドセルにその日使う教科書や持ち物を入れていくのは「先読みとキャッシュ」，通った道をたどりながら落し物を探すのは「バックトラック」といった事例を示しながら，計算的思考とは，コンピュータ科学者だけが利用するものではなく，我々の日常に溶け込んでいる事柄を上手に解決したり処理したりすることができる概念であり，それらを意識的かつ適切に操作できるようになることが，次世代の児童生徒に必要な能力であると説く（Wing 2008）。

### 8.1.3　情報教育における教材化・システム化の対象

我が国の情報教育をより充実させるために，21世紀型スキルや計算的思考の育成の営みはどのように融合していけるのだろうか。これは，教材開発や学習支援のためのシステム開発においても同様の課題である。教育は，その国の文化であり，授業は，実践する教師の自身のクラス観や単元観に基づき設計されるものである。情報教育に関係する教材・システムは，当該授業の学習目標に照らし合わせてカスタマイズが施されることとなろう。それは教材やシステムの機能を作りかえる，ということではなく，それらの機能を整理した上で，教師が，利用意図や適用場面を自らの授業設計に基づき決定するということである。

2015年3月に公表された小・中学生を対象にコンピュータを用いた情報活用能力調査では，現状の情報教育の問題点が浮き彫りにされた（文部科学省 2015a）。特に課題とされたのは，以下の9点である（文部科学省 2015b）。

- キーボードでの文字入力
- 情報の適切な分類
- 適切なグラフの作成
- 複数データからの情報収集
- 表やグラフの比較による分析
- 受け手を意識した資料作成や発表

- 情報に基づいた課題解決の提案
- インターネット上での情報発信の特性の理解
- インターネット上でのトラブル遭遇時の対応

このような課題を改善し，情報教育を支援する教材・システムにはどのようなものがあるだろうか。

## 8.2　情報（処理）教育における教材・システムの提案動向

本節では，これまで提案された情報教育を支援する教材・システムを整理する。ここでは，高等学校情報科が開始された2003年から2015年までの動向を整理することにする。この間，教育工学会で発表された「情報教育」に関する論文は128件であり，そのうち「教材」を主題としたのは6件であった。これらの論文の一部を包含しつつ，情報教育により一層特化した場である情報（処理）教育研究集会と情報科の教育に関係する学会での発表論文を取り上げる。

### 8.2.1　情報（処理）教育研究集会からみる傾向

情報（処理）教育研究集会は，主として高等教育での一般情報教育に関連する国内集会である。国立大学情報教育センター協議会が中心となり，1988年から2010年まで23回開催された。高等学校情報科が開始された2003年以降は，特に情報教育の高大接続が意識され，初等中等教育での情報教育に関連する内容も発表されている。2003〜2010年までの8年間における発表内容を，情報教育との関係に基づき整理した。

対象期間での発表件数は1,487件であり，うち情報教育に関する内容を主とする論文は829件であった。年度毎の変化を図8-1にまとめた（（　）は全発表件数）。概ね50〜60％が情報教育に関わるものである。これらの論文を情報教育の3観点毎に分類した結果を図8-2に示す。情報教育全般に関わる内容では，授業評価や受講者のレディネス調査が最も多く，科目毎のカリキュラムや指導法，情報教育を支援するシステムや教材と続く。各観点に相当する内容は，

第8章 情報教育を支援する教材・システムの開発

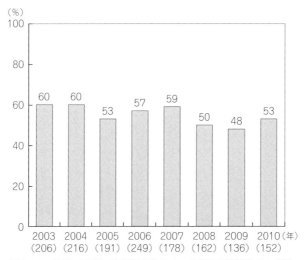

図8-1 情報（処理）教育研究集会での情報教育関連論文の割合

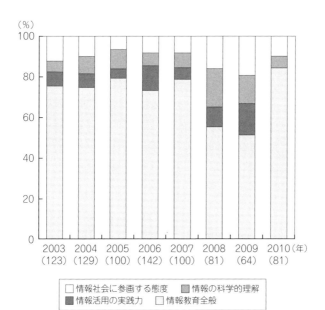

図8-2 情報（処理）教育研究集会での情報教育関連論文における
情報教育の3観点毎の割合

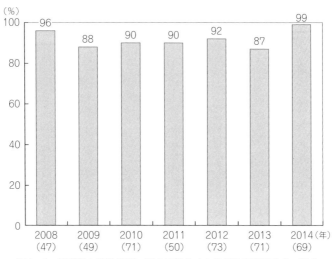

図8-3 情報科の教科教育に関する学会での情報教育関連論文の割合

関連単元の指導法や教材,教育評価などである。図8-2では,3観点のうち,情報社会に参画する態度に関連する論文割合が最も高い。特に,情報倫理に関する現状認識調査や,情報倫理を啓発する教材開発の報告が多い。

ここで発表される論文は初等中等教育から高等教育までと幅広い。その中でも特に,高等教育機関での情報教育において e ラーニングの利用が多い。e ラーニングでは教材がオンライン化されるため,利用者に対して学習場所を制限しない自学自習の機会を提供できる。授業中に用いた教材を自宅で復習することが容易に実現する。また,e ラーニングを管理するシステムである LMS (Learning Management System) の機能により,利用者間でのコミュニケーション・ツール(メール,BBS,チャット,SNS など)や学習履歴管理(ログイン時間,教材のアクセスの有無,テストの成績など)が提供される。

### 8.2.2 情報科教育に関する学会発表からみる傾向

情報科の教科教育に関する学会の全国大会での発表論文を2008〜2014年までの7年分を図8-3にまとめた(( )は全発表件数)。全発表の87〜99％が情報教育に関する論文である。情報教育に関する論文を情報教育の3観点毎に分類

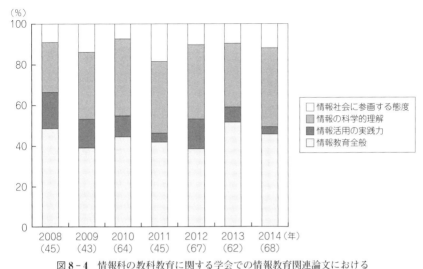

図8-4 情報科の教科教育に関する学会での情報教育関連論文における情報教育の3観点毎の割合

した結果を図8-4に示す。ここで発表される論文では，3観点のうち，情報の科学的な理解に関する割合が多く，アナログ／デジタル／Web教材の提案に加え，特定単元向けの学習支援システムの提案がなされ，教育効果が評価されているという特徴がある。

## 8.3　情報教育で利用可能な教材ポータルサイト

我が国でこれまでに開発されてきた教材の一部は，関係省庁・団体によって教育用ポータルサイトとして整理されている。そのいくつかを紹介しよう。

### （1）文部科学省「教育の情報化」サイト

文部科学省関連事業の成果を中心にまとめられたサイトである（図8-5）。情報教育に関しては，"情報モラルの育成に関する指導資料等"（平成11年度コンピュータ教育開発センターへの委託事業）をはじめとする「情報モラル教育の育成」「情報教育の充実」「授業における情報通信技術の活用」「教員のICT

図8-5 教育の情報化サイト

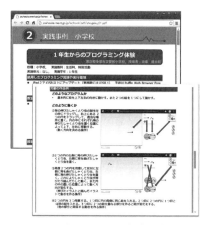
図8-6 プログラミング教育実践ガイド

活用指導力の向上」等の分類で、各種資源が提供されている。特に、教育用デジタルコンテンツ、教材作成支援の情報が充実している。近年は、プログラミング教育に関する資源の充実が図られている（図8-6）。たとえば、「プログラミング教育実践ガイド」には、児童生徒の発達段階に応じたプログラミングに関する学習の事例を収集し、教員向けの指導に役立つ資料として示されている。ここでは小学校1年生（生活科）から高校3年（情報科）までのプログラミング教育の実践が指導案や児童生徒の作品例と共に公開されている。

（2）国立教育政策研究所　教育情報共有ポータルサイト

　これは、「初等中等教育段階の教職員及び教育関係者が都道府県の垣根を越えて、教材・指導資料など教育に関する様々な情報を集積・共有するとともに、同じ目的や関心を持ったユーザーがグループを形成し、授業や学校運営上の工夫等についての情報交換・交流を行える」サイトである（図8-7）。国立教育政策研究所が作成した教育資料や都道府県・市町村教育委員会等が公開する教育や学習に関するコンテンツを検索・閲覧することができる。学習指導案、教材や教材素材（写真、スライド、ワークシート等）、そして指導資料（指導事例、研究資料、研究報告書、パンフレット等）が24,761件登録されている[6]。そのうち、情報教育に関するものは409件である。

第8章　情報教育を支援する教材・システムの開発

図8-7　教育情報共有ポータルサイトに登録されている情報モラル指導用教材

（3）学習ソフトウェア情報研究センター　全国学習情報データベース

旧教育情報ナショナルセンタが管理していた学習情報のデータベースである。初中高等教育および生涯教育に関連する教材や指導案，全国の生涯学習関連施設の所蔵資料の情報等が蓄積されている。13万6,281件の学習情報が登録されており，そのうち「情報教育」に関するものは1,316件であり，さらに「教材」に関するものは832件である。

（4）日本放送協会　NHK for School

学校向けの放送番組，学習内容をまとめた動画クリップ，電子黒板用の教材や資料集，授業プランやワークシート，学習ゲームが登録されている(7)（図8-8）。「情報教育」に関するコンテンツは71件である。また，「情報」に関しては，情報リテラシーや表現とコミュニケーション，情報化社会のしくみや危険に関する放送番組の DVD を教育機関に貸し出すサービスが提供されている(8)（図8-9）。

（5）情報処理推進機構　教育用画像素材集

教育用画像素材集のサイトである（図8-10）。静止画や動画のコンテンツ

149

図8-8 NHK for School

図8-9 NHKティーチャーズ・ライブラリー

図8-10 教育用画像素材集サイト

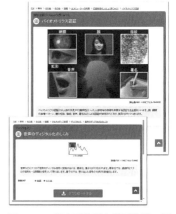
図8-11 静止画教材と動画教材の例

（図8-11）が約1万7,000件登録されている。「情報」に関係するコンテンツは295件あり，それぞれ，「コンピュータの利用」「マルチメディア表現」「ハードウェア技術」「インターネット技術」「ソフトウェア技術」「ネットワーク関連」のカテゴリーに分類されている。

## 8.4 「情報活用の実践力」の育成を支援する教材・システム

本節では，8.1節に示した情報活用能力の課題に沿って，「情報活用の実践

第 8 章　情報教育を支援する教材・システムの開発

図 8-12　キーボー島アドベンチャー

力」の育成を支援する教材・システムを概観する。

### 8.4.1　キーボードでの文字入力スキルを獲得する教材

　現行の学習指導要領では，言語活動の充実が重要となる[9]。情報機器を用いて言語表現を行う場合には，キーボードでの文字入力は必須のスキルとなる。しかし，8.1節に示した情報活用能力の課題では「キーボードでの文字入力」が指摘されている。キーボード入力のスキル習得は，それ自体が教科目の学習目標とはなりえない。しかし，言語活動での表現行為においては欠くことのできない基礎能力である。キーボードでの文字入力は，日々の授業においても，積極的に，日常的に，そして継続的に利用するようにしたい。

　キーボード入力の学習支援システムのひとつである「キーボー島アドベンチャー」が全国小学生キーボード検定サイトで公開されている（図8-12）。平成17年度より毎年ほぼ20万人近くの児童生徒が利用している。学校教育の特徴を考慮した支援機能が備えられているこのシステムでは，児童生徒が変化に富むキーボード入力に繰り返し取り組めるよう，入力スキルを細かく段階分けし，それぞれの段階を認定していく検定方式で学習が進められる（スモールステップの原理）（堀田 2006）。このシステムの利用には学校あるいは教師による申込が必要となる。申請した教師と児童生徒には個別 ID が付与される。個々の児

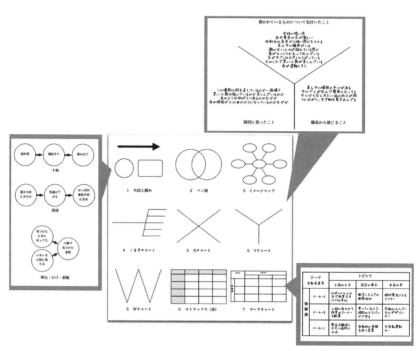

図 8-13 シンキングツールと利用例
出典：黒上ほか（2012）の図表を著者が再構成.

童生徒に専用 ID が発行されることで，学校内のみならず家庭からのアクセスも可能にし，各自のスキルに応じたペースでの学習を保障している。さらに，教師には，担当児童生徒の学習状況やアクセス日時などの学習履歴情報が提供される。サイトにアクセスしての確認に加え，定期的な学習進捗報告メールが届く仕組みがある。

### 8.4.2 思考スキルを習得するための教材

泰山らは，学習指導要領に示される言語活動に必要な小学校段階の思考スキルを31種（比較する，分類する，多面的に見る，関連づける，構造化する，評価する等）に整理し（泰山ほか 2014），その育成に役立つ24種の表やチャート等をシンキングツールと名付けた（図8-13）（黒上ほか 2012）。思考スキルの育

成には，継続的で体系的な学習が必要である．シンキングツールの活用はそのような学習のひとつとなるという．

情報活用能力の課題の一つである「情報の適切な分類」には，シンキングツールを用いた思考を整理する学習が効果的であろう．シンキングツールを活用することができれば，児童生徒は「正しい理解」に基づき「整理された意見」を述べ，話し合いを深めることができるようになることが期待できる．さらに，思考スキルの学習においては，「複数データからの情報収集」を伴うような学習活動を取り入れることも考えられる．

### 8.4.3 図解表現のための教材

情報活用能力の課題には「表やグラフの比較による分析」と「適切なグラフの作成」がある．情報を整理した結果を表現するには，グラフや表は最適なツールである．図解による表現は，高等学校情報科での学習内容である．高等学校情報科の教科書を教材として利用することもできよう（実教出版 2013；第一学習社 2014，東京書籍 2013）．高等学校検定教科書での図解の説明では，表現する内容によって適切なグラフの種類があることにふれている．それを自ら選択できるようにするためには，グラフの特徴と注意点を体系的に理解し，実際にグラフを作成し，表現したい内容が表現できているのかを評価するプロセスが必要であろう．

### 8.4.4 状況に応じた資料作成・発表のための教材

「相手を意識した資料作成や発表」のためには，ICT を利用したコミュニケーションにおける表現力を高めることが求められる．受信者に直接的に伝えるプレゼンテーションと，間接的に伝える電子メールや Web ページ，SNS での発言とでは注意する点が異なる．それぞれの表現方法の特徴を把握した上で，表現内容を考え，具体的に表現・発信し，その成果を評価し，再度表現するという PDCA サイクルでの学習が必要となろう．このサイクルのうち，表現内容を考える段階では 8.4.2 で紹介したシンキングツールの利用が適している．具体的に表現・発信する段階では，発信環境を再現した状況での模擬発信・発

図 8 - 14 CS Unplugged サイト（左）と「コンピュータサイエンスアンプラグド」サイト（右）

表と評価とを繰り返すことが効果的である。すなわち，電子メールや SNS を実際に利用しながら，送信者と受信者とをロールプレイするのである。

## 8.5 「情報の科学的な理解」の育成を支援する教材・システム

「情報に基づいた課題解決の提案」の課題を解決するには，情報の科学的な側面に関する正しい理解が不可欠であろう。ここでは，情報の科学的な理解の学習に特化した教材や支援システムを紹介する。

**（1）CS Unplugged（コンピュータサイエンスアンプラグド）**

コンピュータを使わずに情報科学を教えるための学習法（Computer Science without Computer）であるコンピュータサイエンスアンプラグドは，1998年にオーストラリアの Tim Bell により提唱された（Bell et al. 1998）。カードなどを用いたゲームやグループ活動を通して，コンピュータの基本的なしくみを楽しく学ぶことができる。年々，新しい学習単元が開発・提案されている。日本語への翻訳も進んでいる。2017年5月時点で，データ，アルゴリズム，手続きの表現，解くことができない問題，暗号，ヒューマンインタフェースの6分野に対して23教材が公開されている（図 8 - 14）。各教材の対象年齢は最低で 7 歳以上と設定されている。

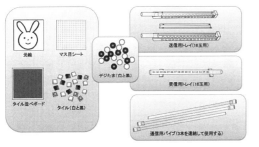

図 8-15 デジたま教材（左）と，白玉と黒玉で表現された絵の例（右）

### （2）コンピュータの仕組みのための教材

コンピュータの仕組みを理解するには，ビデオ教材などで視覚的・概念的に特徴をつかんだ上で，コンピュータ実物を分解・組立てたり，コンピュータの構成要素のロールプレイをしたりする活動が効果的であろう。

### （3）情報のデジタル化の教材

コンピュータでは，情報は0と1の組み合わせで表現されるデジタルデータとして処理される。情報のデジタル化の教材「デジたま」は，0と1の組み合わせで絵・文字・音や音声がどのように表現されるのかを体験的に学習する教材である（図8-15）（竹田ほか 2010）。ここでは白玉と黒玉の並びで情報を表す。この並びを透明なアクリルパイプの中で転がすことで，「情報通信」の原理も体験できる。

コンピュータへの命令が0と1で表現されることを体験的に学習する教材として，「Let's Go Go！ マジカル・スプーン」がある（香山・二山 2009，香山 2015）。ここでは，小型飛行船の動作を指定する8種の命令（マジカル符号）を4ビット（3ビット＋1パリティビット）で学習者が設計する（図8-16）。設計された命令は，金属スプーンを叩くを1，叩かないを0に対応づけて表現される。スプーンを用いて飛行船を操作した後，自身が設計した符号を叩きやすさや他者への伝達容易性などの観点からレビューし，最適な符号へと修正する。学習者が情報発信源として情報システムに参画することで，人間とコンピュータの情報処理の違いを認識できる。

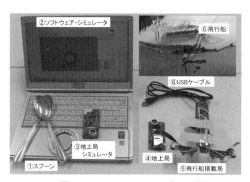

図8-16 マジカル・スプーン教材（左）と，マジカル符号の例（右）

（4）処理手順（アルゴリズム）や自動実行（プログラミング）の教材

　一般に，コンピュータでの処理手順を表現するためにフローチャートや擬似コードが用いられる。しかし，これらは教育用の表現として適しているとは言い難い。アルゴリズム的思考法のための教材に「アルゴロジック」，「AT」（國宗 2014），「PenFlowchart」（中西 2012）などがある（図8-17）。アルゴロジックは，コマンドブロックでロボットに動き方を命令して，各ステージの問題をクリアしていく Web ゲーム教材である。ロボットの進行方向に対して移動と方向転換のブロックを制御要素のブロックと組み合わせる（アイコンプログラミング）。

　一方，Web ベースのアルゴリズム学習環境である AT は，計算や入力，条件分岐といった命令ブロックを組み合わせてアルゴリズムを表現する（ブロックプログラミング）。ブロック間の包含関係が視覚的に表現されたアルゴリズムの記述が可能である。AT には，学習の進度に応じて，学習課題と学習者が利用可能なブロックの種類を教師が自由に設定でき，学習者の成績を管理する簡易 LMS 機能を有する。AT のブロック列はC言語のコードに変換可能であり，アルゴリズムとプログラムとを対比して学習できる。

　また，PenFlowchart は，大学入試センター試験で用いられる DNCL（センター試験用手順記述標準言語）の拡張処理系 PEN 上で機能するプログラムを

第 8 章　情報教育を支援する教材・システムの開発

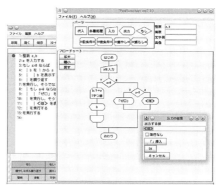
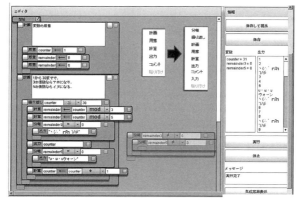

図 8-17　アルゴリズム的思考法のための教材例：アルゴロジック（左上），PenFlowchart（右上），AT（下）

生成できる日本語フローチャートエディタである。描かれたフローチャートから DNCL のプログラムを生成できる。

　プログラミング用教材としては，Scratch や Squeak，Viscuit（原田ほか 2014），ドリトル（兼宗 2001）といった教育用途のビジュアルプログラミング言語の他，モデル化とシミュレーションの学習を支援するプログラミング環境「ますめ」（藤岡・狩野 2014）などが教育実践に用いられている。

（5）計測と制御

　センサとそれを制御するプログラムの組み合わせで実現される教材としては，

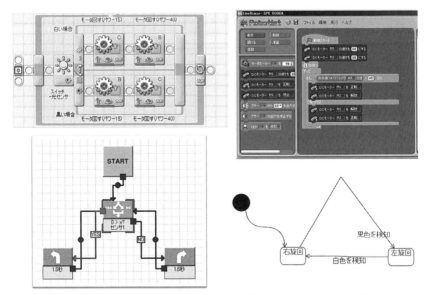

図8-18 光センサ1つ，モータ2つで構成するロボットのライントレース用プログラム
（左上：LEGO の ROBOLAB，左下：Beauto Chaser の Beauto Builder，右上：ロボティストの Studuino ブロックプログラム），（右下：S_Clooca の LEGO とロボティストの状態遷移図）

理科や技術科向けの市販教材に加え，LEGO MINDSTORMS と ROBOLAB／LabView，Arduino，ロボティストと Studuino，Beauto Chaser と Beauto Builder などがある。LEGO ではブロックプログラミング，Arduino では独自の Arduino 言語によるスケッチプログラミング，Studuino ではアイコンプログラミングとブロックプログラミング，スケッチプログラミングが可能である。Beauto Chaser では，アイコンプログラミングとC言語プログラミングが可能である。

また，簡易 UML（クラス図や状態遷移図）で記述されたロボット動作の図から実行コードを自動生成する S-Clooca（香山ほか 2014）では，LEGO MINDSTORMS・ロボティスト・教育用掃除機 iRobot Create 2・小型クアッドコプタ ARDrone などが制御できる。プログラムよりも記述抽象度が高い UML を利用することで，記法に関する導入学習の時間が大幅に短縮され，よ

第8章 情報教育を支援する教材・システムの開発

図8-19　sAccess でのデータベース操作（右上：表への操作，下：表の作成）

り授業目標に沿った学習行為に時間がさける．

ロボットのライントレース用プログラムの例を図8-18に示す．ここでは，白黒のモノトーンを判別できる光センサ1つと2つの DC モータで構成されたロボット動作を想定する．左の2つはアイコンプログラムであり，右上はブロックプログラムである．右下は状態遷移図である．

（6）データベースに関する教材

一般的には，データベースの学習には商用ツールやオープンソースの DBMS（Database Management System）を利用することが多い．これらは教育用途ではないため，情報教育への導入は遅れがちである．データベースの基本操作を学習・体験できる Web 教材が「sAccess」である（図8-19）（長瀧ほか 2014）．sAccess では，Web 上あるいはコンピュータ上で作成した表を扱うリレーショナルデータベースを作成できる．また，選択・射影・結合といった基本的なデータベース操作命令を利用してデータ加工ができ，操作命令の過程と個々の命令に対応する結果が視覚的に確認できる．ここでは，適切なデータ

159

ベース操作を試行錯誤しながら発見的に学習できる。8.4節で示した思考スキルを高める学習の後，情報を効率的・効果的に管理する方策として，必要な情報を統一された形式でまとめたデータベースの活用は，児童生徒の情報活用能力をさらに高める可能性があろう。

## 8.6 「情報社会に参画する態度」の育成を支援する教材・システム

　情報モラルは我が国の情報教育において，発達段階を問わず重要な位置を占めている。日々，新たなICTに起因する脅威にさらされる児童生徒が自らの身を守り，かつ無意識のうちに加害者とならないためには，転移可能な汎用知識として情報モラルを身につけることが求められる。情報活用能力の課題である「インターネット上でのトラブル遭遇時の対応」は，まさにこのような情報モラルの定着の必要性を示している。本節では，省庁や関係団体がまとめた情報倫理・モラル教材をまとめる。

### 8.6.1　情報倫理に関する教材

　大学生を対象とした情報倫理ビデオ集として，大学ICT協議会の情報倫理デジタルビデオ小品集がある。ネットワーク社会の中で，学生が安全・快適に過ごすために必要な基礎知識を身につけるために，日常生活を舞台にしたドラマ仕立ての展開となっている。ビデオ教材は1話5～10分程度であり，物語編と解説編とで構成されている。内容は「情報の管理」「ネット上での詐欺」「参加と責任」「著作と利用」の4つのカテゴリーに整理され，2017年5月時点で小品集6まで作成されている[13]。

　初等中等教育での学校生活や家庭生活を対象にしたデジタル教材として，高知県教育委員会の情報倫理教育教材がある[14]。生徒が属する校種（小学校・中学校・高校）に応じた課題提示型の教材である。児童生徒用のコンテンツとあわせて，教師への情報として，教材の法的根拠や導入可能な教科目の単元の情報も公開されている。

また，私立大学情報教育協会での「情報倫理教育の学士力考察」の取り組みにおいて，大学卒業レベルでの情報倫理教育の達成目標となるガイドラインが整理されている。高等教育の倫理教育での指針のひとつとなっている。

- 情報通信技術の有用性・利便性，脆弱性について基礎的な仕組みを説明できる。
- 情報社会の光と影を認識し，情報の内容を適切に判断して安全に利活用することができる。
- 情報社会における被害防止，被害回復について理解し，取り組むことができる。
- 情報社会において他者の権利を尊重し，自律的に加害防止に取り組むことができる。

### 8.6.2 著作権に関する教材

文化庁や著作権情報センターでは，著作権に関するデジタル教材として「マンガでわかる著作物の利用」や「映像で学ぶ著作権」を公開している。前者は，市民文化祭を企画する公務員を取り上げ，ホームページ，イメージキャラクター，音楽ライブ，講演会，映画コンテンツといった状況での著作権課題に取り組む課題解決型教材である。後者は，大学の音楽サークルの活動を通して著作権に関する課題（著作権，インターネット，実演家，著作者の権利の保護期間，引用，海賊版）に取り組むビデオ教材である。教材の登場人物は児童・生徒ではないが，教材内での設定状況を初等中等教育機関での放課活動や学校行事としてとらえることができよう。

### 8.6.3 情報セキュリティに関する教材

情報処理推進機構と日本ネットワークセキュリティ協会では，家庭や学校からインターネットにアクセスする者を対象に，情報セキュリティに関する基礎知識を学習できるセミナー「インターネット安全教室」[15]を実施している。併せて，このセミナーで利用する教材を公開している。これは，ビデオ教材と解説冊子で構成され，一般利用者向け／小中学生向け／家庭向けがある。この他に

も，ビデオ教材の内容をまとめたリーフレット，まんがインターネット安全教室，クイズ学習，小中学生向けケータイ安全利用学習コンテンツ，ビデオ教材で学習した成果を確認する理解度チェックなどのツールも提供されている。

また，情報処理推進機構では，情報セキュリティ啓発コンテンツも公開している。マンガ教材やビデオ教材，デジタル教材が充実している。

### 8.6.4 サイバー犯罪に関する教材

警察庁では，サイバー犯罪の予防と対処法を再現ドラマやインタビュー形式で解説したビデオ教材を10種公開している。俳優を起用した再現ドラマのリアリティは高い。児童生徒にとっても TV 番組を見ているような感覚で学習できるコンテンツとなっている。

注
(1) 和文誌，ショートレター特集号，全国大会講演論文集の収録分を対象とした。
(2) 一般発表を分析対象とした。
(3) その他の論文は，教育用情報基盤，教育用ポータルサイト，遠隔授業などに関するもの。
(4) 日本情報科教育学会を取り上げる。2008年に第1回全国大会が開催された。
(5) 8.1節に示した情報（処理）教育研究集会の論文整理と同様のカテゴリーで分類した。
(6) 2017年5月現在。
(7) 特定の学習内容を解説したビデオ。1つが30秒〜2分程度で構成されている。
(8) 2017年5月現在。
(9) 現行の指導要領では，生きる力をはぐくむことを目指し，基礎的・基本的な知識および技能を習得させ，これらを活用して課題を解決するために必要な思考力，判断力，表現力等をはぐくむとともに，主体的に学習に取り組む態度を養うために，言語活動を充実することとしている。
(10) 思考スキルとは，「思考の結果を導くための具体的な手順についての知識とその運用技法」と定義されている。
(11) 8.3節で示したポータルサイトに登録されている教材が利用可能である。
(12) これらのうち，一部の教材を用いた実践事例が，文部科学省「教育の情報化」サイト内，プログラミング教育実践ガイドにて紹介されている。
(13) このビデオ教材は2015年3月より大学生協連合会の販売する PC にインストールされている。
(14) 2017年5月時点で Vol.3 である。
(15) 2015年からは情報処理推進機構が「インターネット安全教室」の窓口となっている。

2014年以前の教材は日本ネットワークセキュリティ協会サイトで公開されている。この教室の協力団体は，警察庁，その他各開催地の大学・新聞社・県・県警等である。

## 参考文献

Ananiadou, K., and Claro, M. (2009) 21st century skills and competencies for new millenium learners in OECD countries, OECD Education Working Paper, 41.

Bell, T., Witten, I. H., and Fellows, M. (1998) Computer Science Unplugged : off-line activities and games for all ages.

文化庁「マンガでわかる著作物の利用」．
　http://chosakuken.bunka.go.jp/chosakuken/h22_manga/index.html（2017年5月7日閲覧）

文化庁「映像で学ぶ著作権」．
　http://chosakuken.bunka.go.jp/eizou/broad/top.html（2017年5月7日閲覧）

著作権情報センター「著作権教育のご案内」．
　http://www.cric.or.jp/education/index.html（2017年5月7日閲覧）

Clooca for Shinshu University
　http://mdd.shinshu-u.ac.jp/（2017年5月7日閲覧）

コンピュータサイエンスアンプラグド
　http://csunplugged.jp/（2017年5月7日閲覧）

Computer Science Unplugged... off-line activities and games for all ages
　http://csunplugged.org/wp-content/uploads/2015/01/unplugged-book-v1.pdf（2017年5月7日閲覧）

CS Unplugged
　http://csunplugged.com/（2017年5月7日閲覧）

大学ICT推進協議会，情報倫理ディジタルビデオ小品集
　http://axies.jp/ja/video

デジたま講座
　http://digitama.i.kyushu-u.ac.jp/（2017年5月7日閲覧）

電子情報技術産業協会 アルゴリズム体験ゲーム・アルゴロジック
　http://home.jeita.or.jp/is/highschool/algo/（2017年5月7日閲覧）

藤岡健史・狩野哲男（2014）「プログラミング教育におけるラーニング・アナリティクスの可能性——教育用プログラミング実行環境「ますめ」による実践を通して」『日本情報科教育学会論文誌』7(1)：99-100．

学習ソフトウェア情報研究センター 全国学習情報データベース
　http://www.gakujoken.or.jp/（2017年5月7日閲覧）

原田康徳・勝沼奈緒実・久野靖（2014）「公立小学校の課外活動における非専門家によるプログラミング教育」『情報処理学会論文誌』55(8)：1765-1777．

泰山裕・小島亜華里・黒上晴夫（2014）「体系的な情報教育に向けた教科共通の思考スキルの検討——学習指導要領とその解説の分析から」『日本教育工学会論文誌』37(4)：

375-386.

堀田龍也・髙橋純（2006）「キーボー島アドベンチャー――検定機能を実装した小学生向け日本語キーボード入力学習システムの開発と評価」『日本教育工学会論文誌』29(3)：329-338.

実教出版（2013）『高校社会と情報』.

自作プログラム PenFlowchart
　　http://watayan.net/prog/（2017年5月7日閲覧）

情報処理推進機構 教育用画像素材集
　　https://www2.edu.ipa.go.jp/（2017年5月7日閲覧）

情報処理推進機構 インターネット安全教室
　　http://www.ipa.go.jp/security/keihatsu/net-anzen.html（2017年5月7日閲覧）

情報処理推進機構 情報セキュリティ啓発サイト
　　http://www.ipa.go.jp/security/keihatsu/features.html（2017年5月7日閲覧）

兼宗進（2001）「学校教育用オブジェクト指向言語「ドリトル」の設計と実装」『情報処理学会トランザクション「プログラミング」』42(SIG11)：78-90.

香山瑞恵・二上貴夫（2009）「Let's Go Go！ マジカル・スプーン：高等学校情報科における符号化の基礎概念学習用プログラム――プログラム展開と教育成果」『教育システム情報学会誌』26(2)：172-183.

香山瑞恵（2015）「小型飛行船を使った初等中等教育向け情報教育：情報の符号化を体験的に学習する教材――Let's Go Go！ Magical Spoons」『情報処理』56(1)：77-79.

香山瑞恵・小形真平・永井孝・横田寛明・増元健人・橋本昌巳・大谷真（2014）「初学者向けの状態遷移図による振舞に関する概念モデリング教育へのモデル駆動開発方法論に基づく学習環境導入の効果」『情報処理学会組込みシステムシンポジウム2014論文集』108-113.

警察庁「サイバー犯罪対策 情報セキュリティ対策ビデオ」．
　　http://www.npa.go.jp/cyber/video/index.html（2017年5月7日確認）

高知県教育センター学校支援部情報教育推進課，情報倫理教育教材 Vol. 3
　　http://www.kochinet.ed.jp/joho2/it/johorinri3/main.html（2017年5月7日閲覧）

国立大学情報教育センター協議会（2003-2005）「情報教育研究集会講演論文集」

国立大学情報教育センター協議会（2006-2010）「情報教育研究集会講演論文集」

国立教育政策研究所「教育情報共有ポータルサイト」
　　https://www.contet.nier.go.jp/（2017年5月7日閲覧）

國宗永佳・香山瑞恵・新村正明（2014）「「情報の科学」におけるアルゴリズム・プログラミング教育を支援するビジュアルプログラミングシステムの提案」『日本情報科教育学会誌』7(1)：37-46.

黒上晴夫・小島亜華里・泰山裕（2012）「シンキングツール～考えることを教えたい～（短縮版）」
　　http://www.ks-lab.net/haruo/thinking_tool/short.pdf

教育用プログラミング言語実行環境「ますめ」

http://pomelo.istc.kobe-u.ac.jp/masume.html（2017年5月7日閲覧）
文部科学省（2011）「教育の情報化ビジョン ～21世紀にふさわしい学びと学校の創造を目指して～」．
　　http://www.mext.go.jp/b_menu/houdou/23/04/___icsFiles/afieldfile/2011/04/28/1305484_01_1.pdf（2017年5月7日閲覧）
文部科学省（2015a）「情報活用能力調査の結果について」．
　　http://www.mext.go.jp/a_menu/shotou/zyouhou/1356188.htm（2017年5月7日閲覧）
文部科学省（2015b）「21世紀を生き抜く児童生徒の情報活用能力育成のために」．
　　http://jouhouka.mext.go.jp/school/pdf/shidoujirei.pdf（2017年5月7日閲覧）
文部科学省「「教育の情報化」サイト」．
　　http://jouhouka.mext.go.jp/（2017年5月7日閲覧）
中西渉（2012）「PenFlowchart を用いた授業の提案」『日本情報科教育学会論文誌』5(1)：77-78．
長瀧寛之・中野由章・野部緑・兼宗進（2014）「データベース操作の学習が可能なオンライン学習教材の提案」『情報処理学会論文誌』55(1)：2-15．
日本情報科教育学会（2008-2014）「日本情報科教育学会全国大会講演論文集」
日本放送協会「NHK for School」
　　http://www.nhk.or.jp/school/（2017年5月7日閲覧）
NPO法人日本ネットワークセキュリティ協会サイト「みんなで学ぼう!! 安全教室の教材」
　　http://www.jnsa.org/net-anzen/html/study/（2017年5月7日閲覧）
プログラミング言語「ドリトル」
　　http://dolittle.eplang.jp/（2017年5月7日閲覧）
坂元昂（2006）「情報教育の展開と課題」『日本教育工学会論文誌』30(3)：145-156．
私立大学情報教育協会「情報倫理教育の学士力考察」．
　　http://www.juce.jp/rinri-gakushiryoku/（2017年5月7日確認）
第一学習社（2014）『高等学校社会と情報』．
竹田正幸・池田大輔・脇田早苗・池内昌子（2010）「転がしてわかるデジタルの仕組み──デジたま講座における教材・教具の開発」『日本情報科教育学会誌』3(1)：73-74．
東京書籍（2013）『社会と情報』．
ヴィジュアルプログラミング言語 Viscuit ビスケット
　　http://www.viscuit.com/（2017年5月7日閲覧）
Welcome to sAccess
　　http://saccess.eplang.jp/（2017年5月7日閲覧）
Wing, J. M. (2006) "Computational Thinking," *CACM*, 49(3)：33-35.
Wing, J. M. (2008) "Computational Thinking and Thinking about Computing," *Phil. Trans. R. Soc. A.*, 366：3717-3725.
全国小学生キーボード検定サイト「キーボー島アドベンチャー」．
　　http://kb-kentei.net/（2017年5月7日閲覧）

# 第 9 章

# 情報活用能力を育てる教師の指導力

木原俊行

## 9.1 情報活用能力の育成に資する教師の指導力

　情報活用能力を育てる指導力は，我が国では，いわゆる「ICT 活用指導力」の一部を成している（文部科学省 2007）。本節では，その内容を確認するとともに，調査結果に基づいて，その実態やその課題を言及する。

### 9.1.1 教員の ICT 活用指導力の枠組み

　子どもたちの情報活用能力は，我が国では，「情報活用の実践力」「情報の科学的な理解」「情報社会に参画する態度」から成るものであるとされている。この整理は，1997（平成9）年10月の「情報化の進展に対応した初等中等教育における情報教育の推進等に関する調査研究協力者会議」第1次報告において示され，それ以来，我が国の教育の情報化，その柱のひとつである情報教育の推進の基本的視座として認識されている。

　一方，子どもたちの情報活用能力の育成を担当する教師の指導力は，どのような要素・側面から成ると考えればよいだろうか。これについては，国の定めた「ICT 活用指導力」の枠組みが参考になろう。それは，文部科学省が2007（平成19）年2月に策定・公表した「教員の ICT 活用指導力の基準（チェックリスト）」の内容を指している。このチェックリストは，5つの大項目（A～E）と計18のチェック項目で構成されている。5つの大項目（A～E）とは，「A 教材研究・指導の準備・評価などに ICT を活用する能力」「B 授業中に ICT を活用して指導する能力」「C 児童の ICT 活用を指導する能力」「D 情報モラルなどを指導する能力」「E 校務に ICT を活用する能力」である

第9章　情報活用能力を育てる教師の指導力

（小学校版の場合，中高等学校版は，「児童」の部分が「生徒」の表記に変わる）。言うまでもなく，本書のテーマである「子どもたちの情報活用能力」に関係が深いのは，CとDである。

　それぞれ，どのような内容を意味しているのであろうか。まず，「C 児童のICT 活用を指導する能力」は，次のような小項目から成る。

　　C-1 児童がコンピュータやインターネットなどを活用して，情報を収集したり選択したりできるように指導する。
　　C-2 児童が自分の考えをワープロソフトで文章にまとめたり，調べたことを表計算ソフトで表や図などにまとめたりすることを指導する。
　　C-3 児童がコンピュータやプレゼンテーションソフトなどを活用して，わかりやすく発表したり表現したりできるように指導する。
　　C-4 児童が学習用ソフトやインターネットなどを活用して，繰り返し学習したり練習したりして，知識の定着や技能の習熟を図れるように指導する。

　ただし，C-4 については，「知識の定着」や「技能の習熟」を図ると記されているように，情報活用能力の育成とは性格が異なるもの，教科指導に属するものと考えるのが妥当であろう。

　また，「D 情報モラルなどを指導する能力」は，次の4つの小項目で構成されるものだ。

　　D-1 児童が発信する情報や情報社会での行動に責任を持ち，相手のことを考えた情報のやりとりができるように指導する。
　　D-2 児童が情報社会の一員としてルールやマナーを守って，情報を集めたり発信したりできるように指導する。
　　D-3 児童がインターネットなどを利用する際に，情報の正しさや安全性などを理解し，健康面に気をつけて活用できるように指導する。
　　D-4 児童がパスワードや自他の情報の大切さなど，情報セキュリティの基本的な知識を身につけることができるように指導する。

　これらの内容が今日，我が国の初等中等学校の教師に期待される「情報活用能力を育てる教師の指導力」の柱になると考えてよいであろう。

### 9.1.2 ICT 活用指導力の実態――C, D領域を中心に

　ICT 活用指導力のうち，情報活用能力を育てる指導力は，いかなる実態にあるのだろうか。文部科学省は，毎年度，それを教師たちに自己点検してもらい，その結果を集約し，公表している。図9-1は，2014（平成26）年3月に公開された，ICT 活用指導力の推移を表すデータである。これは，前述したような項目に対して，（ICT 環境が整備されていることを前提として）「わりにできる」「ややできる」と回答した教師の割合を示すものである。

　この結果から，まず，情報活用能力を育てる指導力が次第に高まっていることを確認できよう。いずれの大項目に関する回答も，右肩上がりになっている。本章で扱う内容に関係が深い，大項目CやDのものも，例外ではない。ただし，明らかに，「C 児童の ICT 活用を指導する能力」の高まりは，その他の大項目に関するものに比して鈍い。それは，「B 授業中に ICT を活用して指導する能力」の伸びと対照的である。

　「C 児童の ICT 活用を指導する能力」は，前述したように4つの項目から成るが，そのうちのC-2，C-3に対して肯定的に回答する教師の割合は60％前後にとどまっており，全18項目中の下位を占めていることは注目に値しよう。同じ大項目Cに位置づくC-1は，子どもたちが情報を収集することに関する項目であるが，これは，肯定的な回答の割合が72.7％と高い。我が国の教師たちの情報活用能力の指導の実態として，その課題性が（相対的に）大きいものは，児童・生徒に情報の処理・創造にたずさわらせる場合やそれを発表・表現させる場合であることがはっきりとわかる。

　また，地域による差が激しい。大項目CやDに属する項目に対して肯定的な回答を寄せている教師の割合は，それを都道府県別に見ると，著しく異なっている。たとえば，大項目Cの場合であれば，それに属する4つの小項目に関して肯定的な自己評価をくだしている教師の割合は，最も高い都道府県では89.6％を数えるが，最も低い都道府県は53.5％にとどまる。大項目Dについても，その差は94.5％から66.7％と，大きい。

　さらに，そうした ICT 活用指導力，その一部たる情報活用能力の指導力には，校種による違いも確認される。たとえば，大項目Cの小項目に関して肯定

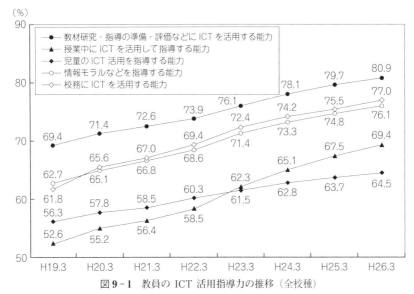

図 9-1 教員の ICT 活用指導力の推移（全校種）
出典：文部科学省（2014）．

的な自己評価をくだしている教師の割合を，小学校・中学校・高等学校で比べてみよう．ある地域の場合は，小学校が85.1％，中学校が77.2％，高等学校が91.5％となっている．別の地域の場合は，それらは，64.4％，50.6％，74.3％となり，校種間の差がいっそう大きくなる．大項目Cについては，一般に（つまり多くの都道府県において），高等学校＞小学校＞中学校という傾向を確認できるが，その差の大きさは地域によって異なる．

以上，文部科学省による，ICT 活用指導力の調査の結果から，我が国の教師たちの情報活用能力を育てる教師の指導力の実態に関して，それが全体として高まる潮流にあるという光と，地域や校種による格差が現存するという影を認識しうる．

## 9.2 教科指導における情報活用能力の育成と教師の指導力

教師たちは，子どもたちの情報活用能力を育てるために，どのような教科指

導を試みるべきなのであろうか．また，その留意点はいかなるものであろうか．文部科学省による『教育の情報化に関する手引』の「第4章　情報教育の体系的な推進」には，情報活用能力を身につけさせるための学習活動が例示されている（文部科学省 2010）．それらは，学校段階と情報教育の目標の3観点を踏まえた，情報活用能力の8要素を視点とするものだ．本章では，それらを参考にしつつ，紙幅の都合上，より多くの教科に関連する内容を重視し，先のICT活用指導力の大項目CのC-1，C-2，C-3に該当するものについて，その詳細および指導の留意点等を詳述する．

### 9.2.1　児童・生徒の情報の収集・選択に関する指導

ICT活用指導力の「C-1　児童がコンピュータやインターネットなどを活用して，情報を収集したり選択したりできるように指導する」に合致する指導は，これまでにも，また現在も，多くの教科の指導において実施されている．

たとえば，『教育の情報化の手引』の学習活動例にも記載されているが，社会科における調査研究の手段としてインターネット等を子どもに利用させる指導は，すでに市民権を得ていると言ってよい．少なからずの学校，教室において，写真9-1のような子どもの姿を目にできよう．歴史学習に従事している彼らは，史実やその検討に関する情報を，教科書や資料集に加えて，いくつかのウェブページから入手し，戦国時代のリーダー像に，多面的に，また自分なりの思考を繰り広げながら迫ろうとしている．

さて，指導者は，こうした情報の収集・選択を子どもにどのように促すべきであろうか．ひとつは，学習課題と情報収集の手段の関連について，子どもたちに意識させる必要があろう．たとえば，同じ社会科の歴史学習において，現代史を学ぶ場合は，インターネットへのアクセスと並んで，あるいはそれ以上に，実際に人々に会って情報を収集・選択する姿勢が子どもたちに期待されよう．あるいは，たとえば人口や土地利用の変化などを考察する場合は，グラフや地図をじっくりと眺めることが子どもたちに求められよう．すなわち，教科指導においては，子どもたちの情報収集・選択のツールとして，インターネット等のICTの利用は絶対的なものではない．その内容や活動の特性に応じて，

第9章 情報活用能力を育てる教師の指導力

写真9-1 社会科におけるインターネットを通じた情報収集

　実体験やアナログメディアの利用が優先されたり，それらと ICT の組み合わせが要請されたりする場合もある。指導者は，それを意識しておくべきだ。
　また，指導者は，子どもたちが収集・選択する情報の真偽や偏りに関して，彼らに注意を喚起すべきである。それは，前述した ICT 活用指導力の枠組みでは，大項目 D の D-3「情報の正しさや安全性などを理解」させるための指導に位置づく。いわゆるメディア・リテラシーに関する指導も必要とされるのだ。メディア・リテラシーの育成には，いくつかのバリエーションが存在する。たとえば小学校段階では，国語科や社会科のいくつかの題材において，メディア・リテラシーがそのまま学習内容に設定されているので，その考え方や意義を子どもたちに理解させることが可能である。一方，その他の単元・題材においては，学習内容にメディア・リテラシーが含まれるわけではない。けれども，たとえば，小学校6年生の社会科で日本と関係が深い国々の特徴を追究させる際には，インターネット上の複数の資料を比較して，当該諸国の光と影に迫ることを教師は子どもたちに勧めるであろう。あるいは，国語で絵画の鑑賞文を作成する際に，ワープロソフトを利用して文章の構成や表現を幾度となく変更して，より読者が理解しやすい解説を考えさせることもあろう。それらは，教科の別のねらいの達成にメディア・リテラシー的指導が随伴した場合である。
　ところで，タブレット端末が普及し始めて，子どもたちの情報の収集・選択の方法は，いっそう多様化している。筆者は，とりわけ，写真9-2のようなタイプの ICT 活用による情報の収集・選択に注目したいと考える。これは，

写真 9-2　タブレット端末を利用したフィールドワーク

　ある小学校の6年生の算数の授業の風景である。彼らは，タブレット端末を手にして，学校内を巡り，線対称や点対称に該当する図形を発見しようとしている。身近な空間に数学的な事象を見いだし，それを記録しているところである。そして，彼らが見いだした線対称や点対称な事象は，ネットワークを介して教室の仲間のものにもなる（さらに教室の電子黒板上に可視化されてもいる）。こうした学習においては，ICT は，子どもたちの体験を基盤とする学びに不可欠なパートナーとなっている。また，共同的な情報収集のための便利なツールやよき舞台となっている。

### 9.2.2　児童・生徒の情報の処理・創造に関する指導

　「C-2 児童が自分の考えをワープロソフトで文章にまとめたり，調べたことを表計算ソフトで表や図などにまとめたりすること」の指導は，いわゆる，思考力・判断力・表現力の育成と密に結びつく。思考・判断・表現は，必ず，情報の処理・創造，すなわち情報の整理，変換，集約等を伴うからだ。たとえば写真9-3は，小学校4年生の算数の授業の様子を示すものだ。この授業において，子どもたちは，生活の状況（怒ること，怒られること）に関するアンケートの回答を男女別に示した表を読解しようとしている。彼らは，男女別の回答分布に注目したり，同じ回答を選択した男女の割合を比べたりして，全体や性別の回答傾向を導出しようとしているのだ。この時，彼らの問題解決をICT がサポートしている。ICT であれば，ある行や列，特定の数値に注目す

第9章 情報活用能力を育てる教師の指導力

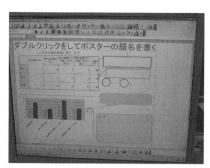

写真9-3 算数における情報の処理

ることやそれを何度もやり直すことが（紙のワークシート等で同じことを進める場合に比べて）容易だからだ。そして，そうした試行錯誤は，情報教育が目指す，ある現象を「（表計算ソフト等を利用して）表やグラフを作成し，わかりやすく表す能力」の育成にも資するものとなっている。

　その他にも，子どもがICTを活用して自らの思考を精錬させることが，教科の目標達成に不可欠であり，同時にそれが情報活用の実践力，とりわけ情報の処理・創造に関する能力の育成を促す学習活動は少なくない。たとえば，図工科（美術科）の鑑賞の指導におけるICTの活用も，これに位置づく。色や構図を変えると絵画の印象がどのように変わるかを考える，複数の絵画を並べて両者のメッセージの異同を確認するといった学習活動は，それに従事する子どもたちに絵画を分析する視点を会得させるとともに，ある対象をデジタルなツールで加工する能力を育むことになろう。

　ところで，こうした思考の精錬に資する情報の処理・創造においても，それを共同的に展開するアプローチが一般化されつつある。たとえば，写真9-4は，小学校の国語科の文学的な文章の読解に関する学習活動の様子である。このクラスの子どもたちは，同じ作品を鑑賞し，それに対する自分たちの気づきを電子的なワークシートに書き込んでいく。それぞれの子どもたちの気づきは，ネットワークを介して共有され，1つの画面上に整理される。写真9-4中の思考ツール上の付箋紙は，複数の子どもが作成したものだ。この学習では，ある子どもの思考の結果が他の子どもの思考の参考材料になるという相互作用的思考が繰り広げられている。それは，旧来の学習環境では，個人による思考を

173

写真9-4　文学作品の共同的な鑑賞

写真9-5　ジグソー法による楽曲の鑑賞

　終えてから進められるものであったが，個々の子どもがタブレット端末を利用するケースでは，個人思考と集団思考が同時並行的に進められている（もちろん，写真9-4の右のように，それを経て，教師がイニシアチブを発揮して集団思考を練り上げる場面が設定されるケースも多いのではあるが）。

　また，共同的な問題解決の構造化も図られている。それは，知識構成型ジグソー法と呼ばれるタイプの学習指導法の導入である（三宅・益川 2014）。たとえば，写真9-5は，ある小学校の音楽の学習場面である。この学習では，子どもたちは，ある楽曲の鑑賞を複数の観点から進める。それぞれのグループにおいては，たとえば「主旋律」を担当する子ども，「打楽器」を担当する子どもなどが定まり，当該分析の観点の「専門家」となっている。各グループの専門家が集って特別のグループが構成され，そこで，当該観点に限定した楽曲の分

析が，これもまた共同的に推進される。この「エキスパート活動」による知見を，各「専門家」は，もとのグループに持ち帰り，そこでは，メンバーが協力して複数の観点を統合し，より多面的な思考を繰り広げる（「ジグソー活動」と呼ばれる）。さらに，それぞれのグループで編み出された知見を，クラス全体で議論し統合していく過程が設けられる（「クロストークセッション」と名づけられている）。タブレット端末が多く配備されている教室では，子どもたちが知識構成型ジグソー法を経験し，そこで，ICTによる情報の処理・創造を共同的に展開する発想と術を身につけ，そしてその可能性を実感している。

### 9.2.3　児童・生徒の発表・表現に関する指導

「C-3 児童（生徒）がコンピュータやプレゼンテーションソフトなどを活用して，わかりやすく発表したり表現したりできるように指導する」営みは，情報の処理・創造，それによる思考の精錬と並んで，これに取り組んでいる教師が多いとは言えない（先のICT活用指導力の調査結果では60％ほどにとどまっている）。どのような営みが期待され，また実施されているのであろうか。

　子どもたちが自身の考えをコンピュータやプレゼンテーションソフトを利用して発表するという場面は，これまでにも教室で試みられてきた。しかしながら，多くの場合は，それは一斉指導において一部の子どもが自身の意見を表明するためのものであった。それは，ICT活用による学び合いとして，教育的意義を確認できる場面ではある。けれども，その活動に全員が従事できるわけではないのだから，情報活用能力の育成という視座からすると，十全ではない。

　子どもたちが，ICTを活用して自身の発表・表現を充実させている，代表的なケースを示そう。たとえば写真9-6は，中学校の美術科の授業風景である。子どもたちは，この授業において，ルネッサンス期の絵画を鑑賞し，その特徴をプレゼンテーションにまとめる。彼らは，モチーフ，色やタッチなどを視点として，絵画の特徴を考察する。それをレポートにまとめる際に，指導者は，デジタルな環境を彼らに提供した。なぜならば，子どもたちにとって，考察結果を他者に伝達するためには，絵画の様子をきちんと示す必要があるからだ。換言すれば，対象や光と影がぼやけてしまう状況，すなわちプリントにし

**写真 9-6** ルネッサンス期の絵画の鑑賞の発表（中学校美術科）

て配布する，プロジェクターで投影するという状況では，子どもたちの発表はシャープにならなかったと思われる。美術科の鑑賞，しかも，絵画の特徴を考察するという学習課題の性質上，デジタルツールとネットワークを介した発表は，学び合いを繰り広げる子どもたちにとって不可欠な環境であったと言えよう。

ところで，ICT 活用による発表・表現に関しては，いくつか，指導者が留意しなければならない，あるいは発想を変えなければならない点があろう。たとえば著作権の問題である。アナログの場合に比べて，デジタルな環境では，一般に，他者が創造した情報を入手しやすい。そして，再利用しやすい。他者が創造した情報に対しては敬意を払い，それを参照した場合にはきちんと出典を記すことを，指導者は子どもにきちんと説くべきだ。これは，先の ICT 活用指導力の D-2 に位置づくものである。しかしながら，現在，義務教育段階，とりわけ小学校では，教科指導において著作権等に関する指導を繰り広げることは難しい。その内容が教育課程に体系的に位置づいていないからである（中学校の技術家庭科の内容には著作権等が含まれているけれども）。後述するように，それは多くの場合，総合的な学習の時間や特別活動の年間指導計画の一部となっている。それゆえ，教科指導においては，指導者は，子どもたちが情報の収集・選択から発表・表現に至る過程で著作権を遵守して活動しているかを注視し，問題があるならば，彼らに適切に働きかける必要があろう。

しかし，同時に，筆者は，ある中学校の美術科において，指導者と子どもた

第9章 情報活用能力を育てる教師の指導力

写真9-7 アニメーション作品の制作活動（中学校美術科）

写真9-8 デジタルなツールの機能を活かした発表（小学校算数科）

ちが，著作権を意識しつつ，デジタルな環境の特徴を活かした創作活動を繰り広げている様子を目にした。それは，アニメーション作品の制作活動である。この活動をスタートさせる際に，子どもたちは，前年度までの先輩が作成した作品を参照し，その一部を再利用してもよいと指導者から告げられている。指導者は，前年度までの指導において，その許可を生徒たちから得ている。つまり，新しい年度の子どもたちは，先輩の作品から新しい作品を創造するという活動に従事するのである。それは，年度をまたいだ，異なる学年の子どもたちの共同作品の制作活動であると言ってもよろしかろう。

さらに，読者は，写真9-8のような発表・表現をどのように感じられるだろうか。これは，小学校の算数の学習の風景である。子どもたちは，指導者から与えられた写真の中に図形を見いだし，気づきをタブレット端末に記す。そ

れらは，ネットワークを介して共有される。そして，こうした作業，同時並行的に進められる。すなわち，子どもたちはいつでも，タブレット端末上で，仲間の思考の結果を，さらにはその過程も閲覧できる。思考の過程まで参照できるのは，当該アプリケーションに，子どもが写真にどのような書き込みをしたのかを「再現」できる仕組みが用意されているからだ。言い換えるならば，ある種のデジタルな環境においては，思考・判断と発表・表現は一体的に展開される。その発表・表現は決して雄弁ではないが，しかし，それぞれの子どもたちにとっては，自身の思考結果を，より多くの仲間によりていねいに紹介できる機会を手にできることを意味する。

そしてこうした発表・表現は，自身の思考を仲間の前で語る営みとは矛盾しない。実際，当該クラスにおいても，ネットワーク上の閲覧と（数名の子どもに限定されるが）口頭報告が重ねられて，ICT 活用に基づく発表・表現が連続・発展していた。

## 9.3 教科外指導における情報活用能力の育成と教師の指導力

子どもたちの情報活用能力の育成は，教科指導に連動するものだけではない。教科外指導（道徳・特別活動・総合的な学習の時間等の領域における指導）（木原 2015）においても実施可能であるし，またそうすべきである。教科外指導における情報活用能力の育成は，教科指導におけるものと何を同じくし，また何を異にするのであろうか。以下に，それを詳述する。

### 9.3.1 児童・生徒の情報の収集・選択，処理・創造，発表・表現に関する指導

前節で述べてきた，教科指導における情報活用能力の育成を，教科外指導においても，教師は計画・実施し，そして評価すべきだ。とりわけ，総合的な学習の時間の探究の過程（課題の設定，情報の収集，整理・分析，まとめ・表現の４つの段階から成る）は，情報活用能力の育成と密な関係を築いている。『教育の情報化に関する手引』の「第 4 章　情報教育の体系的な推進」には，それが，次のように示されている。

第9章 情報活用能力を育てる教師の指導力

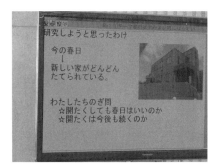

写真9-9 総合的な学習におけるプレゼンテーション

1) 課題の設定においては，体験活動などを通じて得られた情報を交換しながら考えたり話し合ったりする上で，デジタルカメラで撮影した写真，テレビやインターネットで収集した情報などを活用して，客観的な情報として示したり，イメージを共有したりする
2) 情報の収集においては，多面的・多角的な分析に必要となるさまざまな情報を効率的に収集・蓄積するための手段として活用する
3) 整理・分析においては，どのような情報が収集されているかを把握したり，統計的な方法などで分析したり，整理・分析の過程を図などに可視化したりする
4) まとめと表現においては，写真やグラフ，図表などを用いてプレゼンテーションとして表現するために活用する

前節で確認したように，指導者は，情報活用能力を育てるための活動を，教科指導に適切に導入すべきである。しかしながら，それは，目標と内容が定まり，主たる教材である教科書が用意されている状況では，必ずしも容易ではない。子どもたちの情報活用能力は，総合的な学習の時間において，それを最大限に発揮する舞台を得て，より確かなものに，より豊かなものに熟する。

たとえば，前記の 4) に関して事例を参照しておこう。写真9-9は，ある小学校の3年生の子どもたちが，地域の特色についてフィールドワークを繰り広げた結果をプレゼンテーションしている様子である。この子どもは，一方で自作の地図を利用して地域の土地利用の全体像を確認しながら，他方では撮影

してきた写真にテキストを加えて地域の課題を提案しようとしている。つまり，メディアを複合的に利用して，自身の意見の理解をオーディエンスに促している。

　総合的な学習の時間における情報活用は，上記 1 ）～ 4 ）のいずれの段階であっても，設定される学習課題に個別性・多様性が存在するのが通例であるから，多くの場合，子どもたちは，利用する情報手段の妥当性を検討すべきだ。たとえば，情報の収集段階で，自身が設定した課題を追究するために，聞き取りに行くべきなのか，それともまず書物をひもとくべきなのかを検討しなければならない。さらに，前者だとして，その際にどのような機器を準備すべきなのか（デジタルビデオカメラを利用できるか，ICT レコーダーが必要なのか），聞き取り内容を事前に電子メールで相手に伝えておくべきか，それとも最初は手紙を届けるべきか等々，子どもたちが，ICT を含むさまざまな情報手段について考えるべきことは少なくない。彼らには，情報活用に関して，それを俯瞰し，反省的に展開する姿勢が求められよう（黒上 2010）。

### 9.3.2　児童・生徒の情報モラルに関する指導

　教師の ICT 活用指導力の大項目 D には，情報モラルに関する 4 つの項目が含まれている。小中高等学校のいずれの学習指導要領の総則においても，情報モラルを指導することが明記されていることに，その重要性を確認することができよう（石原 2010）。

　ただし，それらは，小中学校の現行の教育課程においては，特定の教科の目標や内容に位置づくものではない（中学校の技術家庭科においては，「情報」に関する学習がある程度整備されてはいるが）。むしろ，教科・領域を横断するテーマとして，複数の教科・領域の指導に適切に埋め込むべきものになっている。各教科・領域の指導と情報モラルの指導をどのように重ねるかについては，学習指導要領においてある程度示唆されている。また，文部科学省委託授業によって作成された「情報モラル指導モデルカリキュラム」を参照すれば，指導者はその基本的な枠組みを手にできる（文部科学省 2008）。しかしながら，それらを実行するための具体的な計画策定は，個々の教師や各学校による。情

報教育全体がそうであるが，特に情報モラルの指導については，それを充実させるために，教師たちは「学校を基盤とするカリキュラム開発」の営みにたずさわることになろう。

　『教育の情報化の手引』においては，たとえば小学校段階であれば，情報モラルの必要性や情報に対する責任を児童に理解させるために，国語科の指導において「引用した文章などの出典については必ず明記させることを通して，情報には自他の権利があることを理解させるようにする」ことの重要性が説かれている。また，中学校段階であれば，美術科の指導において，著作権などの知的財産権を尊重することの大切さ，人物などを撮影して作品化する場合の配慮の必要性等を理解させることとなっている。

　これら教科の指導に位置づく場合に加えて，情報モラルの指導に関しては，道徳の授業への導入が望まれよう。この領域の内容項目に，「人との関わり」や「集団や社会との関わり」に関するものがあり，現代社会の様相からすれば，それらの一部に情報やコミュニケーション，情報社会の倫理的問題を位置づけやすいからである。

　道徳教育において情報モラルの指導を繰り広げる場合，それが人間の内面を扱うものであり，そして態度や行動の変容に至ることが目標にされるという点から，子どもの情意に働きかける教材の重要性が増す。今日，映像教材やエンターティメント教材が，情報モラルの指導のために開発されている。たとえば，写真9-10は，NHK学校放送の道徳番組を利用して，誹謗・中傷メールの問題点等について小学校第4学年の子どもたちが多面的に考えている様子である。彼らは，学校放送番組が描いている，友人関係のもつれ，それによる誹謗・中傷メールの送信，その被害の深刻さを実感し，こうした問題を回避する術について真剣に議論していた。

　また，情報モラルに関する指導は，保護者等との協力を欠いては，十分なものにはならない。『教育の情報化の手引』においても，情報モラル教育における家庭・地域との連携に関して，学校内の体制づくり，学校と家庭における理解の共有，学校・家庭・地域による最新情報の共有という柱を定めて，その重要性と取り組みの内容が示されている。

写真 9-10　学校放送番組を利用した情報モラルの指導

　今日，子どもたちにタブレット端末を家庭に持ち帰って学習に利用させるケースが登場している。その場合，学校における利用以上に，情報モラルに関する意識が子どもたちに求められるし，それを保護者等に支えてもらう必要があろう。いわゆる One to one computing の環境を実現している学校においては，保護者に対する啓発の手段の多様化，子どもと保護者が共同で ICT 利用に関してルールを定める機会の設定といった取り組みを重ねて，情報モラルに関する指導を含む，学校における教育の情報化に対する保護者の参画を促している。

## 9.4　情報活用能力の育成に求められる教師の学び

　子どもたちの情報活用能力を高める指導に必要とされる教師の力量を高める術は，多元的である。ここではそれを，ICT 操作スキルの獲得，情報活用型授業のイメージ化，そして，情報教育カリキュラムの策定に大別し，その内容と留意点を述べる。なお，そうした指導力を教師が獲得し，また伸長するフィールドは多様であるが，ここでは紙幅の都合上，我が国の教師たちの学びとして世界的に注目を浴びている授業研究を主柱とする校内研修に限定する。

### 9.4.1　ICT 操作スキルの獲得

　教師たちが子どもたちの情報活用能力，とりわけ ICT を用いて情報を収

集・選択し，処理・創造し，そして発表・表現する能力を高めようとするならば，たしかに，指導者自身も ICT を操作するスキルを身につけていることが望ましい。子どもたちが操作につまずいたとき，彼らにとって最も身近な支援者は，教師だからである。しかしながら，教師は，ICT 技術のエキスパートではない。だから，その操作に対して戸惑いやためらいがあって然るべきであるし，その獲得にやっきになる必要はない。教師たちは，ある程度の操作スキルを獲得していれば，それでよい。というのも，ICT 操作スキルは，子ども間で伝承する可能性が小さくないからだ。筆者は，かつて年輩教師が，ICT 操作スキルを十分には獲得していなくても，充実した情報教育を展開している事例に接した（木原 2004）。それは，子ども間の ICT スキルの伝授に依拠したものであった。また，他の教師との協力指導体制をカリキュラムレベルで実現することを基盤とするものであった。

### 9.4.2 情報活用型授業のイメージ化

　情報活用能力は，子どもたちの主体的な学びによって高められるものである。情報の科学的な理解や情報社会に参画する態度に属する一部の知識については，指導者がそれを説明して子どもに習得させる場面も多くなろう。しかしながら，情報活用の実践力，そして，情報社会に参画する態度の多くについては，それらの育成を図る授業では，子どもたちは，能動的に，また問題解決的に学ばねばならない。その過程が複線化することも珍しくない。こうしたタイプの授業を，情報活用型授業と呼ぼう。各教師が情報活用型授業のどこにいかなる ICT を位置づけるかに関しては，正解があるわけではない。情報活用型授業に関して多面的に考える経験を積み，その可能性や課題を自覚し，それを踏まえて，自身の授業を反省的に創造するしかなかろう。

　その過程は，授業に関するケーススタディたる，授業研究によって充実する。自身で情報活用型授業を同僚に公開する，あるいは同僚の情報活用型授業を見学し，それらに関する意見を，同僚間で，しかも多角度で交わす機会は，上述した，情報活用型授業のイメージ化に資する。実際，教師たちが情報活用型授業に着手し，またそれを持続的に発展させている学校の校内研修は，授業研究

写真9-11　タブレット端末の授業への導入の仕方に関する校内研修

が量的・質的に充実している。そして，それを含む校内研修が，成長する学校の基本要件たる「専門的な学習共同体」に求められる「信念・価値・ビジョンの共有」「集団的な学習とその応用」「個人的実践の共有」等を満たすべく，教師同士の学び合いを尊重して企画・運営されている（木原 2012）。たとえば，写真9-11 は，タブレット端末を数多く有し，それを利用して子どもたちが主体的に学んでいる学校の校内研修の風景である。彼らは，自らの情報活用型授業のエッセンスをプレゼンテーションし，それらについて意見交換する中で，タブレット端末を生かす学習課題やその実現に向けた指導の留意点に関する意識を高めていた。

### 9.4.3　情報教育カリキュラムの策定

　教育の情報化への対応，そのマネジメントには，豊かなリーダーシップが求められる。そして，それは，学校長によるものだけでなく，たとえば教務主任や情報主任等による実践的リーダーシップにも依拠している。筆者は，子どもたちの情報活用能力を育てる営みとしての情報教育の推進は，教育目標・内容に関わる検討を含んでいるので，後者のリーダーシップも重要であると考えている。それゆえ，情報教育のカリキュラムの開発に関わるコーディネーションを，1）総合的な「学校カリキュラム」編成，2）授業改善の具体的実践，3）カリキュラム評価と改善の3段階から成るものと定義し，その詳細を解説した（木原 2008）。

各学校では，学校長のサポートのもと，こうした実践的リーダーのイニシアチブによって，上述したカリキュラム開発のステップが刻まれるよう，校内研修が組織化されることが不可欠である。同時に，それを牽引するリーダーたちに対して，より専門性の高い研修が，教育行政や大学等の組織によって提供されることも望まれよう。情報活用能力を育てる教師の指導力は，何重にも及ぶ教師たちの学び，その共鳴によって，持続的に高まっていくのである。

## 参考文献

石原一彦（2010）「新学習指導要領における情報教育の考え方」堀田龍也（編）『管理職のための「教育情報化」対応ガイド』教育開発研究所, 76-79.

木原俊行（2004）『授業研究と教師の成長』日本文教出版.

木原俊行（2008）「カリキュラム・コーディネーション」中川一史・藤村裕一・木原俊行（編）『情報教育マイスター入門』ぎょうせい, 30-42.

木原俊行（2012）「授業研究を通じた学校改革」水越敏行・吉崎静夫・木原俊行・田口真奈『授業研究と教育工学』ミネルヴァ書房, 93-122.

木原俊行（2015）「教科教育と教科外教育の関係」冨永光昭・木原俊行・池永真義（編）『教科教育のフロンティア』あいり出版, 62-78.

黒上晴夫（2010）「総合的な学習の時間で行う情報教育の考え方」堀田龍也（編）『管理職のための「教育情報化」対応ガイド』教育開発研究所, 101-104.

三宅なほみ・益川弘如（2014）「新たな学びと評価を現場から創り出す」三宅なほみ（監訳）益川弘和・望月俊男（編訳）『21世紀型スキル――学びと評価の新たなかたち』北大路書房, 223-229〈原書は Patrick Griffin, Barry McGaw and Esther Care (Eds.) (2012) *Assessment and Teaching of 21st Century Skills.* Springer, Netherlands.〉

文部科学省（2007）「教員の ICT 活用指導力の基準（チェックリスト）」.
http://www.mext.go.jp/a_menu/shotou/zyouhou/1296901.htm

文部科学省（2008）「情報モラル指導モデルカリキュラム」.
http://www.mext.go.jp/a_menu/shotou/zyouhou/1296900.htm

文部科学省（2010）「『教育の情報化に関する手引』について」.
http://www.mext.go.jp/a_menu/shotou/zyouhou/1259413.htm

文部科学省（2014）平成25年度学校における教育の情報化の実態等に関する調査結果（概要）.
http://www.mext.go.jp/a_menu/shotou/zyouhou/____icsFiles/afieldfile/2014/09/25/1350411_01.pdf

第10章

# 情報教育研究のこれから

永野和男

　本書の各章では，情報教育のこれまでと実践や評価の今後あるべき姿について論じられてきた。特に，情報活用の実践力，情報モラルやメディア・リテラシーについては，既存の教科教育とは異なる視点や現状の問題，今後の課題が的確に指摘されている。最終の章にあたって，これらを総括するとともに，今後求められる情報教育とその研究の方向性を，私見としてまとめることにする。

## 10.1　理念としてのカリキュラム

### 10.1.1　情報教育は何のために

　現行のカリキュラムにおける基本理念は，1996年頃にさかのぼる。文部省（現在の文部科学省）は，普通教育における情報教育やそのカリキュラム化を検討するため，有識者による協力者会議（1996-1998）を組織して集中的な審議を行い，情報教育のねらいを，「情報活用の実践力」「情報の科学的な理解」「情報社会に参画する態度」の3つの能力を高等学校卒業段階までにすべての国民にバランスよく身につけさせることとまとめた（文部省 1997）。この答申は，2002年度から実施の教育課程の編成の前に発表されたため，教科編成や内容の検討に大きな影響を与えることになった。すなわち，高校での普通教科「情報」の新設，中学校の「情報とコンピュータ」の必修化，小学校における総合的な学習の時間での「問題解決学習」における情報活用の奨励などである。

　さて，諸外国の情報教育が職業教育の延長線上で論じられてきたことに対し，我が国の情報教育は，はじめから，「すべての国民が身につけるべき情報リテ

ラシー」としてとらえられ，その内容も，心理学，言語学，社会学などで扱われてきた情報の概念を包括する情報学（Informatics）の考え方に基づいて，体系化が進められたという特長がある（永野・三宮 1987）。また，「情報活用の実践力」「情報の科学的な理解」「情報社会に参画する態度」の3つにまとめられた能力概念は，かなり先の時代を意識したものであり，20年以上たった今も色あせていない。もし，問題があるとすれば，どの能力も「情報活用」というキーワード上にあり，現在論じられているような，情報科学や情報学など専門的な知識の必要性や連続性に言及していない点であろうか。

　理念としての情報教育は，その後，学習指導要領に反映されカリキュラム化されたはずであったが，教育実践は理念の具現化に至ったのだろうか。確かに，情報教育がカリキュラムに位置づいたおかげで，学校へのコンピュータの普及や教室でのネットワーク利用環境は格段によくなった。さらに，社会の情報化はそれ以上に進み，一人ひとりが携帯型の情報端末（スマートフォンやタブレット PC）を有し，無線により Internet に常時接続してクラウドを利用できる環境にある。しかし，それは情報教育の実践による成果ではない。むしろ，情報社会の変化は予想を超えており，情報セキュリティや情報倫理に関する新たな社会問題が生じるに至っている。これらの変化に対し，教育が後手，後手に回っている感は否めない。新しい教育理念の形成にあたっては，これからの社会変革を大胆に予測し，求められる人材・能力を明らかにしておく必要がある。たとえば，PISA 型学力におけるキー・コンピテンシー（DeSeCo：The Definition and Selection of KEY COMPETENCIES 2003），21世紀型スキル（ATC21s：Assessment and Teaching of 21st Century Skills 2011）には，情報活用に加え，社会的問題解決能力，職業観，協働性，市民性など，今後の社会に求められる新しい能力の視点が強調されている（Rycen et al. 2003；Griffin et al. 2011）。また，2020年からの学習指導要領では，アクティブ・ラーニングとほぼ同義語として「主体的な学び」「対話的な学び」「深い学び」が強調されている。これらの内容や方法の中には，情報教育で述べられている理念がクロスして含まれている。

　情報化の嵐は，これからも予想を超え多方面に浸透していくだろう。このような時代に，人として，個人として，どのような基礎的能力（リテラシー）を，

どの程度身につけておくべきか，情報教育で実現しようとしていた教育が「何を」「どのように」学ぶことにより，「何ができるようになる」ことを求めているのか，もう一度，原点にかえって確認しなければならないのである．

### 10.1.2 人間の弱点を補完する道具という考え方

私たちは，情報にアクセス可能であることと，実際にアクセスできることを混同して考えやすい．しかし，実際に情報を活用するのは最終的には人間であり，人間自身の情報処理能力を無視して問題を解決することは困難である．たとえば，人間が文字を読むスピードは，1分間に300〜700文字（日本語の場合）程度であり，これを情報の量に直すと，1Kbyte 程度となる．このペースで，1日に5時間，毎日休まずに一生本を読み続けたとしても，一生に読むことのできる文字の数は数G（ギガ）byte のオーダにすぎない．また，ネットワークにおけるコミュニケーションや共同学習の実践においても，1つの話題で情報交換できる人数の範囲は，30〜40名程度であること，協働で1つのことを仕上げるには5〜6人が適正であることが経験的に知られており，学校間であっても，3〜6校程度が限度であることが明らかになりつつある．このことは，人と人とがコミュニケーションしながら学ぶという本質的な部分は，顔を合わせた場合でもネットワークでも大きく異ならないというあたりまえの事実を示している．したがって，たとえ情報化が進展し，あらゆる情報がデジタル情報として簡単にアクセスできるようになったとしても，すべてが解決するわけではない．結局，技術的に見れば，高度な情報化で実現できるのは，

1) 情報のソースへのアクセスが，時間と距離を越えて容易になった
2) 双方向のコミュニケーションが，距離を越えて可能になった
3) 成果や知識をデジタル化して，だれでも発信できるようになった

ことであり，人間自身の個人の能力が飛躍的に拡大したわけではない．ここでは，コンピュータは，個人における人間としての情報処理能力を補完・拡大する道具として機能している（永野・三宮 1987）と考えるべきなのである．

ネットワークの高速化やストレージの高度化によって，流通する情報の量はいつまでも桁違いに増大する．モバイル端末のマルチメディア化とウェアラブ

ル化，無線のネットワーク網の普及により，あらゆる情報へ，まさに「いつでも，どこでも，必要に応じて」アクセスできるようになる。一方，情報はすでに，人間の処理能力をはるかに超えて存在し，しっかりした視点をもたなければ流される。すなわち，これからの社会では「時代の変化に対応して，常に新しい情報を求めながら，的確な判断をおこなえる人材」の育成が必要であり，必要な基礎的な能力としては，「情報を見抜き選ぶ目」と「情報を処理する知恵」を身につけること，さらに「情報を扱う心」を養うことになる。

## 10.2 制度としてのカリキュラム

### 10.2.1 学習指導要領の中の情報教育

我が国の小学校，中学校，高等学校のカリキュラムは10年ごとに，審議会等で審議し，国のカリキュラムとして規定されてきた。2011（平成23）・2012（平成24）年からの学習指導要領でも，その検討に先だって情報教育の見直しが検討された。その結果，基本的には，1996（平成8）年の理念，すなわち「高等学校卒業段階までに 1) 情報活用の実践力，2) 情報の科学的な理解，3) 情報社会に参画する態度の3つの能力をバランスよく身に付けさせる」は，そのまま継続することになったといういきさつがある。先にも述べたように，1996（平成8）年の「情報教育のねらい」の表現は極めて長期的な展望に立った記述であったと振り返ることができる。しかし，20年たった今，上記の理念はさらに踏み込んだ形で実施されなければならない時期に来ている。たとえば，上記2) 情報の科学的な理解で述べられている部分は，あくまでも「情報活用の基礎となる」と条件付きの知識理解内容であり，'コンピュータやネットワークなどのメカニズムやシステム的な考え方を含むものではない。しかし，高等学校段階で，数学や自然科学，地理や歴史，などの他の教科では，もっと学問的にも深いレベルの内容を扱っており，「情報」でもそのレベルの内容を盛り込まなければ，大学入試試験に耐えうる教科にはならないし，時数も増やせないだろう。幸い，2023（平成35）年から実施予定の高校のカリキュラムでは，情報Ⅰ，情報Ⅱのように，情報学の立場に立った学習内容の改編が計画されている。

しかし，誰がどのように指導するかを考えると，狙い通りに実践されるまでの道のりは遠い。

　また，2011（平成23）年以後（次期学習指導要領も含め），小学校では，情報教育をあえて明示せず教科の学習活動の中に埋め込むようになっている。すなわち，自ら問題を発見し・考え・解決策を見出していく問題解決的なアプローチと情報活用を求める学習活動を，教科の学習課題の中に組み込んでいるのである。また，2020（平成32）年からの学習指導要領でも，アクティブ・ラーニングの名のもと，情報教育の狙いに沿った学習展開が期待されている。しかし，全国学力・学習状況調査の結果から，国語では「根拠を明確にした上で発言したり記述する」「情報を取り出し，それらを基にして自分の考えを具体的にまとめる」，算数では「根拠となる事柄を過不足なく示し，判断の理由を説明すること」，理科では，「実験の結果を示したグラフを基に定量的に捉えて考察すること」「実験を構想したり，実験結果を基に自分の考えを改善したりすること」に課題が残されていると指摘されており，情報教育でも最も大切と考えているテキストや図表の読解力の育成が達成されていない。このようなクロスカリキュラムでは，教科の学習内容と情報教育の能力育成がどのような関係にあるのか，目標や学習活動レベルで明確に示していくことが必要である。

　筆者らが進めている活動とその成果を示した「情報教育モデルカリキュラム」や「情報教育の実践と評価のためのポータルサイト」（永野と火曜の会 2011：永野・小田 2012）は，そのような長期的な実践研究の成果の示し方の1つである。特に，情報教育モデルカリキュラムでは，各学年で期待される学習活動とそのねらいを，情報教育の目標の3つの柱をもとに3観点12要素約800項目で示し，その実践案（レシピと呼んでいる）との関係を相互に検索できるようにして，教科と情報教育の目標とを，具体的な学習活動の中で関連づけている点，学習活動の目的を，経験，知識・理解，技能・技術，行動，判断，思考，思考判断，態度に整理し，育成のプロセスを示している点が特徴である。これらの教材レシピを実践し，評価のシステムと連携して，児童生徒に実際にどのような能力が身についたのかを検証しながら，実践研究を進めることが，情報教育の研究には求められる。

さらに，これまでの授業スタイルから，情報活用を促進する授業スタイルにどのように変更させていくかは，理念を実現するための，重要な視点と思われる。たとえば，以下のように具体的なカリキュラムのステージを想定し，その環境整備とともに学習内容を法的に規定していくなどの工夫が考えられる。

【1st Stage】
 1）コンピュータで，情報を収集・判断したり，創造・表現する機会を，あらゆる教科の学習活動で作る
 2）考えをまとめたり，人の話を聞いたり，人に伝える機会を，あらゆる教科の学習活動で作る

【2nd Stage】
 3）情報を，編集・加工，発信する方法を体験させる
 4）情報発信の責任，モラル，マナーを教える
 5）受け手の状況などを踏まえて発信することを教える

【3rd Stage】
 6）プロジェクト形の問題解決学習にコンピュータやネットワークを利用させる
 7）情報を収集・判断・表現・処理・創造し，発信・伝達する一連のプロセスを経験させる
 8）情報活用の基礎となる情報手段の特性について理解させる

さらに，上記のような学習を教育現場で展開していくには，学習環境づくりが大切であるとともに，教師の役割の変化に対応することも重要である。具体的には，教師は，知識の伝達者・訓練のトレーナーから，問題解決場面において，具体的な例示（モデル）を示す先輩であり，的確なアドバイスを行うアドバイザーへと役割が変化する。また，情報リテラシーを身につけさせるためには，的確な学習課題と適切な学習環境の設定が必要になる。それらを準備できることも，これからの教師には求められる。したがって，情報教育の指導に求められる教師の力量を明確にし，ルーブリックなどによって記述できるように

するとともに，教員養成・現職教育の研修プログラムを開発して実践できるようにすることが重要な研究課題になる。

さて，これまでの学習指導要領は，教科の内容に関する規定に限られ，教育方法や学習環境に関する記述に強い法的束縛はなかった。しかし，2020年からの学習指導要領では，カリキュラム・マネジメントの立場から，「何を学ぶか」のほかに「どのように学ぶか」「実施するために何が必要か」「何ができるようになるか」「どのように評価するか」を記述することになっている。情報教育の理念の具現化には，学習課題や学習環境，教師の役割が重要であり，学習指導要領においても，そのレベルまで踏み込んだ記述が求められよう。

### 10.2.2　リテラシーとその教育のための学習環境

本書では，情報活用能力としての情報リテラシーとメディアに焦点を当てたメディア・リテラシーについて論じられた。

リテラシーとは，「社会生活を営む上で，すべての国民にとって必要な基礎的な能力（学力）」と考えることができ，学校教育を通じて身につけることを前提として論じられる。リテラシーとして，昔から，学校教育で訓練されてきたものに「読み・書き・そろばん」がある。しかし，日常生活に不可欠なのは，「読み・書き・そろばん」だけではない。「聞く，話す」こと，すなわちコミュニケーション能力も，重要なリテラシーである。では，なぜ，「聞く，話す」は，学校教育では強調されてこなかったのか。それは，「聞く，話す」能力の基本的な部分は，生まれてからの数年間での環境とのコミュニケーションによって（就学前に）身につくからである。このように考えてみると，リテラシーの育成方法には，2つの側面があることがうかがえる。ひとつは，訓練しなければ身につかない能力。もうひとつは，学習環境を整備し，その環境でのインタラクティブなかかわりの機会を与えるだけで身につく能力である。情報リテラシーやメディア・リテラシーについても，このことは同様である。キーボードのタッチタイピングやプログラミングの基礎，メディアの評価能力などは訓練しなければ身につかないが，機器の操作やソフトの使い方などの教育は，

活用したい場面で，適切な環境を準備すれば，環境とのかかわりや利用者相互のコミュニケーションによって身につくことが予想できる。我が国における，中高生へのスマートフォンの普及や利用状況（ほぼ100％）の例を見てほしい。これは，学校での授業や訓練の成果ではない。すなわち，この2つめのタイプのリテラシーを育成する場合に重要なのは，かかわろうとする本人の意思と，その状況に「応答する環境」の整備なのである。

ところで，言葉の場合も，「聞く，話す」について学校で扱っていないわけではない。実際，聞き方，話し方の授業は，教科（日本では国語）で重視されている。しかし，それは，訓練の対象ではなく，社会生活や文脈の中での言葉の意味や他人への配慮といった観点からの教育である。情報教育でも類似の例がある。情報の発信が社会に与える影響や，情報社会のモラルやマナーなどの態度面は，やはり利用しているだけでは身につかないであろう。

情報教育のカリキュラム化を検討する場合，機器の操作やソフトの使い方を，どの段階でどの程度教えるべきか論議されることが多い。この場合，Windows などのパソコンを思い浮かべ，キーボードの操作や，ワープロ，表計算ソフトの使用方法の指導を思いつく。しかし，子どもたちが10年20年先に社会人になっていったとき，いつまでもそのような形でコンピュータが利用されているだろうか。すでに，現在の学生は，スマートフォンやタブレット PC を自在に扱っており，コミュニケーションばかりか，情報の検索・収集や発信に使いこなして，生活に役立てている。「これらは，個人利用であり，社会に出ればパソコンのソフトを利用する」という意見もあるが，パソコンが，iPad に代表されるようなインターフェイスの携帯情報機器にとって代わられるのは時間の問題であろう。そこには，大人の知っているコンピュータ利用の世界はない。先にも述べたように，機器の操作は「環境とのかかわり」の中で習得される。したがって，情報リテラシーにおいては，操作方法より，技術の奥にある本質的な概念を理解し，実践的に応用できたり，的確に判断できたりする能力の育成に多くの時間を割くべきなのである。

コンピュータやインターネットは，「あくまでも道具である」ということはよく言われる。だからと言って，道具の使い方を教えることが情報教育である

と勘違いするのは危険である．その道具がうまく機能したかどうかを判断する基準は，どんな目的で課題を解決しようとしているかに依存するからである．目的によっては，コンピュータの利用は適切ではなく，ひととひとのコミュニケーションで解決するほうが良いと判断できることもある．道具の利用の仕方だけでなく，状況に応じて，情報や情報機器の利用方法を的確に判断できる情報処理のメタ認知能力の育成を軸に，情報教育をとらえるべきなのである．

このように考えていくと，情報リテラシーを高めるために，授業時間を確保するだけでは，不十分であることがわかる．教科や指導の時間を確保するとともに，一方では安価で使いやすい機器を数多く整備して，いつでもどこでも，あらゆる機会に活用できる環境を整備していくことが，リテラシーの育成には欠かせない．これまでの20年を振り返るとき，その環境整備の配慮が十分ではなかったとよう思われる．

2012年以後の学習指導要領では，教科のさまざまなところで，「探究」というキーワードで，課題の発見や計画，情報の収集，判断，表現などが教科の学習活動に埋め込まれている．それらの場面をうまく機能させるためには，情報メディアをいつでもどこでも使える学習環境を，学校現場に整備していくことが，緊急の課題になるのではないだろうか．

### 10.2.3 プログラミング教育とプログラミング的思考

新しい学習指導要領において，小学校段階からプログラミングに関する能力をつけさせるべきという論議がでてきている（文部科学省 2016）．もともとは，電子立国日本を世界に発信していくには，情報や情報技術に関する知識や技術を学校教育の段階で身につけるべきという議論が，2002年からの学習指導要領での「情報教育」を生み出し，その後の情報化の進展にあって，そろそろ機が熟してきたということもあろう．情報教育の目標の 2) 情報の科学的な理解は，「情報活用の基礎となる」「自らの情報活用を評価・改善するため」の条件付きであり，コンピュータの仕組みやネットワークの仕組みなどの情報技術，わかりやすい表現，デジタル表現などは扱うものの，プログラミング教育について

は深入りしないという考え方が基本であった。しかし，コンピュータとはどのようなものか，どのような仕組みで動作しているのかを理解するためには，コンピュータに命令し動作させるもととなるプログラミングやアルゴリズム，あるいはセンサーや制御の技術についての知識は，避けることができない。ただ，それが，小中高のどの段階で，どの程度まで，しかもすべての児童・生徒が理解したり，体験したりする必要があるか，またどのような学習活動が適切なのか，がここでの論点なのである。

　筆者は過去に「プログラミング言語の役割」という論説の中で，プログラミング言語がもつインターフェイスとしての役割のうち，将来も残すべきものとして，1) 数値処理の伝統的アルゴリズムの理解，2) センサー技術と制御，3) データベースの操作，4) コンピュータでの知識表現，5) アルゴリズム的思考の5つを挙げた（永野 1995）。この立場からも「プログラミングの経験」は，情報教育のカリキュラムにおける不可欠な要素であると主張したい。しかし，それは，コンピュータ関連の技術者になるためではない。ましてやすべての国民がプログラムを組むことができる能力を身につけなければ生活できない時代が来ると考えている訳でもない。学生時代にプログラムを作る経験の目的は，「制約された条件の中で，論理的な命令を組み合わせて問題を解く（実行できるまで，何度も手順や論理を見直し，それを組み合わせて予想した出力を得る）」という，数学の問題を解かせる目的に近いものである。他の問題解決と異なり，コンピュータは言われた（命令された）通りにしか動作しないので，結局，自分の考えた方略が正しかったか，あるいは思っているように命令できたかを冷静に自己評価することを求められる。この思考錯誤の経験が，論理的な思考の形成を促し，達成できるまで幾度も繰り返し実験する取り組み方を実践的に学ぶことにつながる。どんなに実用的なプログラミング言語で教えたとしても，学生がここで覚えた言語を，実際に活用することはほとんどない。それでも「プログラミングの経験」は，情報化の本質を見抜くことに大いに役立つ。これは，メディア・リテラシーにおいて，映像情報が意図的に操作できることを見抜く能力を育成するために，30秒程度のコマーシャル映像の制作・編集を経験させるという考え方に類似する。文部科学省の報告書における「プロ

グラミング的思考」（文部科学省 2016）に通じるものであろう。

　「プログラミング的思考」とはどのようなものか。プログラミングとは、先にも述べたように機械に理解でき実行できる命令の範囲で、目的の仕事（作業）を自動的に順次に行わせる手順を考え、記述することと考えてよい。多くの場合、この命令は英語など人に意味がわかる動詞と目的語でテキスト記述できるようになっており、プログラミング言語と呼ばれる。すなわち、プログラミングは、プログラミング言語を使って、コンピュータに自動処理させる方法を学ぶことになる。ここでの本質的な考え方とは、コンピュータのプログラムは、1）一命令ごとに順に動作すること、2）条件分岐と 3）繰り返しの組み合わせで動作すること（構造化プログラムの基本的概念）、あるいは、イベントが発生するとそれに対応して動作するメカニズム群（イベントドリブンやオブジェクト指向）などの考え方であろう。実際のプログラミングでは、変数や数値の代入、データの操作、関数の概念が必要で、シンボルの形式的な操作が未成熟（形式的操作は、12歳以後に身につくと考えられている）な児童には概念的に理解することは困難であろう。したがって、プログラミングするとしても、言語ではなく、具体的なシンボルや図といったものを媒介にする環境がなければ、小学生には理解できない。また、処理の結果も、一つ一つの命令に対応した動作が目で確認できるものでなければ、自分で誤りにも気づくことができない。したがって、小学校段階では、変数を使って計算をさせるプログラムやアルゴリズムの理解ではなく、プログラミングのもつ本質的な特性や考え方を、体験や実習を通して徐々に身につけていくという考え方が必要になる。これが「プログラミング的思考」の育成である。

　では、どのようにすれば、「プログラミング的思考」の育成が可能になるのか、まずは、作業の流れから定型的なこと、法則的なことを見つける練習が入門的である。たとえば、日常的に行っている動作（朝起きて、学校に行くまでなど）をとりだし、手順に書き出してみる、条件（雨が降っていたらなど）によって行動が変化するならそれを列挙してみるなどである。しかし、やはり、実際にプログラミングを体験して何かを完成させるという課題中心型の学習を行うことは必要不可欠であろう。図形的法則性やパターンの発見などの課題は、

算数，理科，図工，音楽などの学習課題にいくらでも見出すことができる。ただ，この実践には，児童が理解でき，自分で操作し，結果が確認でき，完成まで自分で確認できるように工夫されたプログラミングの環境が必要になる。古くは，LOGO などが教育用として代表的であったが，最近では，Scratch（スクラッチ），Viscuit（ビスケット），Alice（アリス）など，ビジュアル型・ブロック型と呼ばれるプログラミング環境（ツール）が利用できるようになり，小中学生を対象としたワークショップの試行もある。具体的には，命令（や目的語）を示すアイコンやイラスト，繰り返しや条件分岐を示す図やブロックチャートを画面上で並べ変えプログラムを構成する。また，結果はイラストや，キャラクタの動きなどで示すというもので，プログラミングに必要な基本要素が含まれている。これらのツールを使うと，物語を作ったり，キャラクタを踊らせたりできるので，児童・生徒も喜んで取り組める課題になるだろう。しかし，ここで重要なことは，同じロボット操作やアニメの制作でも，その課題に含まれている要素により，「プログラミング的思考」につながる学習とそうではない学習に分かれるということである。プログラミングでは，目標とする動きをはっきりイメージしてから，それに向かってプログラミングをさせることが重要であり，いろいろな機能を使って創作的な動きを試してみるというだけでは，結果を予想し与えられた命令や条件の組合せで考えるという「プログラミング的思考」にはつながっていかない。一方で，自分で結果を見直し，自分で修正させる（デバッグ）のに十分な時間の確保も必要になるため，音楽や図工，体育などの表現活動の演習と連携して取り組むことも必要になると思われる。

その意味で，児童向けプログラミング教育の諸外国のツールは，まだ筆者から見て満足できる環境にはない。しかし，新しい学習指導要領が決定すれば，我が国の学校での利用に向けた小学校向けのプログラミング演習環境が開発されるようになるだろうし，それを期待したい。

## 10.3 情報教育の実践と評価

　我が国の情報教育は，それなりの成果をあげていると思われる。しかし，「情報活用の実践力」すなわち，課題に対して必要な情報を収集，取捨選択，分析・再構成，成果を発表・発信する能力については，（活動のなかで育成されている実感はあるものの）その達成度を具体的に示せる方策がない。したがって，評価は主観的にならざるを得ず，数値目標としにくい（すなわち実践されにくい）という欠点をもつ。また，情報教育が，クロスカリキュラムとして展開されているという背景から，「どのようなことができるようになれば，情報活用能力がついたと言えるのか」について教師にはイメージできない。これでは，いつまでたっても情報教育の成果は期待されるレベルに達しない。これらの点を改善し，情報教育を健全に推進するには，情報教育の目標に即した評価・検証のための基準とそのための評価の方式を学識経験者の英知を集めて開発し，評価の方法と具体的な目標を達成レベルで示す必要がある。ヨーロッパでは，PISA型学力として新しい学力を検証する方法の開発が進められているが，そのなかでも一斉に受験できる方法として，コンピュータテスティング（CBT：Computer Based Testing）の方式が試行され注目されている。

　「情報活用の実践力」は，課題が提示されてから生徒が情報を収集したり，データを処理・分析したりすることを許可し，解決に至るプロセスをみて評価するのが適切と考えられる。これは，コンピュータの端末の前で自由に情報を収集し，判断，編集し，時間内に結果をまとめるというタイプの試験を実施することによって可能になる。この評価方法の普及のためには，受験者が大量であっても自動的に評価・採点できる方法を検討する必要がある。また，情報活用能力で求められている情報の判断力やデータ処理技術を身につけていなければ解けない評価問題を作題するとともに，課題解決までのデータの操作履歴を必要に応じて収集・記録し，評価・採点処理に利用できる試験システムを開発する必要がある。

筆者が提案する情報活用能力評価のための問題とは，たとえば，以下のようなものである。

つぎの表は，各班に配布した金属の質量（配布金属 g）と，燃焼後の質量（酸化後の金属 g）の12班の結果をまとめたものである（例，1班 5.0g→5.3g，2班 13.5g→14.3g，3班 8.1g→8.6g，4班 11.1g→11.7g…）。もとの金属が同じ種類のものとして，実験をやり直したほうがいいと思われる班はどこか（表計算ソフトを利用してよい）。

| | 配布金属の質量(g) | 燃焼後の質量(g) |
|---|---|---|
| 1班 | 5.0 | 5.3 |
| 2班 | 13.5 | 14.3 |
| 3班 | 8.1 | 8.6 |
| 4班 | 11.1 | 11.7 |
| 5班 | 17.0 | 18.1 |
| 6班 | 9.0 | 9.6 |
| 7班 | 7.0 | 7.4 |
| 8班 | 16.3 | 17.3 |
| 9班 | 6.2 | 6.9 |
| 10班 | 4.7 | 5.0 |
| 11班 | 10.5 | 11.1 |
| 12班 | 12.8 | 13.6 |

この例では，いくつかの解決法がある。そのひとつは，表計算ソフトで2つのセルの割合（酸化後の金属／配布金属）を計算して求め，大きく値がずれるものを見つける。また別の方法としては，それぞれをXY軸とした散布図を表示する（実験誤差の少ないものは直線上に乗り，異常なものはすぐわかる）。いずれにしても，ここでは与えられた問題をどう扱えばよいかを考え（科学的知識），データを処理して問題解決ができること（問題解決の方法），および，そのためのツールの活用方法（データ処理の方法と操作）を会得していることが求められる。この問題例では，問題解決の手段としてソフトの使いかたを知っていたり，使いこなしているものは，1，2分以内で正解に行き着くが，問題をどう考えればよいかがわかっても，手作業で計算したり検算したりしていたら，制限時間内に答えは求められない。すなわち，コンピュータの活用技術と問題解決能力の2つが同時に要求される。

コンピュータ利用を前提とした実施方式を実現するには，さまざまな技術的問題と運用上の問題を解決しておく必要がある。たとえば，学習者の操作履歴化，回答データの採点と保存，データ転送や保存におけるセキュリティチェック，テスト内で利用できる汎用ツール（すべての問題提示画面から呼び出して利用でき，操作履歴が残るツールソフト）の開発などである。

永野らは，2007年以降，CBT において，a）写真，映像，アニメ（動き）に

よる問題提示や解答の選択ができ b）回答に必要なツールを受験時に利用でき，そのプロセスを記録・評価できる仕組みをシステムとして利用できるようにした。また，その研究報告書には，情報教育（特に情報活用の実践力）を評価する具体的な問題群のアイデアが数多く示されており，一部は実施された（永野 2010）。

その後，文部科学省は，2012年に「情報活用能力調査に関する協力者会議」を設置し，全国レベルでの調査として CBT を実施している。その結果は，第1章に詳しいので，ここでは割愛するが，このような実践力の評価方法，また情報モラルの評価の研究開発が進められ，日常的な授業の評価や改善に利用できるようになることが望まれる。

## 10.4　問題解決能力の育成

情報教育の目標には2つの側面がある。そのひとつは，情報科学や情報学につながる専門的知識や技術を，発達段階に応じてスパイラルに学習していく教科としての側面。もうひとつは，日常の生活において，情報をうまく活用し豊かな生活を送るための知恵にあたる側面（情報活用の実践力）である（永野 1994）。前者は確立された学問から演繹的に導かれる目標であり，既存の教科に近く，知識・理解，技能・技術中心の目標論，評価論が成り立つ。しかし，「実践力」は，実際の社会で機能する「問題解決能力」の一種であり，情報収集力，分析能力，即時的判断力などに関連する新しい目標論，方法論，評価論を必要とする。また，情報モラル教育にも2つの側面がある。ひとつは道徳や倫理，法につながる，いわゆるモラル形成としての側面であり，もうひとつは，当面の情報にかかわる問題（特に情報ネットワーク活用）に対して，健全に安全に利用できる知恵を与える「情報安全教育」的な側面である。前者は，態度の形成という知識・理解，技能技術では扱えてこなかった教育方法の研究テーマがある。後者は，新しい技術が社会的・教育的問題を生じれば，対処法としていつまでも終わらないテーマであるが，研究者としては，実用化する前に想定される問題を予測し，事前に対処できる知恵を生みだす責任があろう。

このように整理してみると，情報教育の研究では，理念や制度としての検討もさることながら，実践とその評価またそれを担う教師教育の方法に研究課題が残されていることがわかる。ここでは，従来から指摘されている，知識理解と問題解決にはどのような関係があるのか（知識がどこで，問題解決に転用されるのか，どのような方法で得た知識や技術が問題解決時に適用できるのか），経験や知識が，態度形成にどのように関連するのか，といった，新しい学力で求められる問題解決能力，コミュニケーション能力，協働・協調力などの評価にも共通する「（未解決の）教育方法における研究課題が集約されている場」である。筆者の予測するところ，これらには汎用のひとつの正解があるわけではなく，答えは領域や課題に依存して存在すると思われる。したがって，情報教育の実践場面において，それぞれの目標の学習場面を研究対象とし，成果を評価しながら，関連を明らかにしていくというアプローチが求められる。

**参考文献**

Griffin, P., McGaw, B. and, Care, E. (Eds.) (2011) *Assessment and Teaching of 21st Century Skills*, Springer.（P. グリフィン・B. マクゴー・E. ケア（編），三宅なほみ（監訳），益川弘如・望月俊男（編訳）(2014)『21世紀型スキル——学びと評価の新たなかたち』北大路書房．）

文部省（1990）「情報教育に関する手引き」．

文部省（1997）「情報化の進展に対応した初等中等教育における情報教育の推進等に関する調査研究協力者会議：情報教育の体系的な実施に向けて」（情報化の進展に対応した初等中等教育における情報教育の推進等に関する調査研究協力者会議第1次報告．

文部科学省（2015）「情報活用能力調査の結果について」．
　　http://www.mext.go.jp/ a_menu/shotou/zyouhou/1356188.htm

文部科学省（2016）「小学校段階におけるプログラミング教育の在り方について」（議論の取りまとめ）．
　　http://www.mext.go.jp/b_menu/shingi/chousa/shotou/122/attach/1372525.htm

永野和男（1994）「情報教育とは何か」『パソコン活用大百科1994年版』実教出版，92-103．

永野和男（1995）「情報教育とコンピュータの役割」永野和男（編著）『発信する子どもたちを育てる「これからの情報教育」』高陵社書店，29-48．

永野和男（2010）「児童生徒の情報活用能力育成の検証のためのe-testingの開発と実用化」平成21年度文部科学省先導的教育情報化推進プログラム，最終報告書．

永野和男・小田和美（2012）「情報教育の実践と評価のためのポータルサイト」JNK4情報ネットワーク教育活用研究協議会．

http://jnk4.info/www/JNK4_PortalSite/
永野和男・三宮真智子(1987)「人間の情報処理活動を基盤とした「情報教育」の提案」1987年科学教育学会シンポジウム資料：1-4.
永野和男と火曜の会(2011)「情報活用能力育成モデルカリキュラム」
http://jnk4.info/www/MC-InfoLiteracy2010/
Rychen, D. S., Salganik, L. H. (2003) *Key Competencies for a Successful Life and Well-functioning Society*, Hogrefe Publishing.(D. S. ライチェン・L. H. サルガニク(編著), 立田慶裕(監訳)(2006)『キー・コンピテンシー——国際標準の学力をめざして』明石書店.)

# 索　引 (＊は人名)

## A-Z

AHELO 93
Arduino 157
AT 156
ATC21s 54
BASIC 58, 63
Beauto Chaser 157
BYOD 86
CBA（Computer-Based Assessment）92
CBT（Computer Based Testing）6, 16, 45, 198
CGM 131
CiNii 80, 36, 51
Computational Thinking 6, 143
cyberbullying 84
e ラーニング 146
Embedded Assessment 93
ICILS 94, 102, 106
ICT Literacies 94
ICT 活用指導力 166
ICT 操作スキル 183
IEA 98
Information Literacies 94
IoT 3
ISTE 5
Learning Analytics（LA）93
LEGO MINDSTORMS 158
LOGO 58, 62
NAPICT 97
NHK for School 149
NHK 学校放送 181
OECD 93
PENFlowchart 156
PIAAC 20, 93
PIRLS 99
PISA 93
PISA 型学力 187
Rasbery Pi 64

sAccess 159
S-Clooca 158
Scratch 57, 157
＊Shariff, S. 84
SNS 74, 131
Squeak 157
stakeholder 84
TIMSS 99
Viscuit 157

## ア行

アイコンプログラミング 156
アクティブ・ラーニング 187
「新しい能力」46
アルゴリズム 128, 156
アルゴロジック 156
意思決定 115
いじめ防止対策推進法 75
一般化 113
インターネット安全教室 161
インフォームド・コンセント 82
映像編集 130
エラー分析 113
炎上 2

## カ行

学習環境 138
学習指導要領 13, 33
学習ソフトウェア情報研究センター 149
学校教育の情報化に関する懇談会 20
学校長 184
＊ガニエ，R. M. 50
カリキュラム 109
カリキュラム・マネジメント 7, 192
感情状態の検討 119
キー・コンピテンシー 5, 46
キーボー島アドベンチャー 25
キーボードでの文字入れ 143
技術家庭科 142

技術リテラシー　126
基本理念　186
教育課程審議会7　11
教育情報共有ポータルサイト　148
「教育の情報化」　147
「教育の情報化に関する手引」　96, 170
教育の情報化ビジョン　20
『教育の情報化ビジョン』　95
教育用画像素材集　149
教育用デジタルコンテンツ　148
教員支援　137
教員養成　137
教科外指導　178
教科カリキュラム　111
教科指導　169
教材開発　136
教材研究・指導の準備・評価などに ICT を活用する能力　166
教材作成支援　148
教師教育　137
共通教科「情報」　142
具体化　113
クラウド　3
クラウドコンピューティング　132
経験カリキュラム　111
警察庁　162
計算論的思考　→Computational Thinking
計測と制御　157
行動論的アプローチ　53
校内研修　184
校務処理　77
校務に ICT を活用する能力　166
合理的判断の知識　81
ゴールの特定　117
国際コンピュータ・情報リテラシー　94
国際コンピュータ・情報リテラシー調査　54
国際成人力調査　→PIAAC
国立教育政策研究所　148
個人情報　80
個人情報の保護　70
コミュニケーション論　125
コミュニティサイト　71

コンピュータサイエンスアンプラグド（CS Unplugged）　56, 154
コンピュータと情報リテラシー（Computer and Information Literacy：CIL）　99
コンピュータの仕組み　155
コンピュータベースの評価　→CBA

## サ行

サイバー犯罪　162
3種の知識　81
思考スキル　152
実験　115
実践研究　135
実践的リーダーシップ　184
児童の ICT 活用を指導する能力　166, 168
市民メディア　132
社会的・文化的な意味解釈　134
重要性の検討　119
授業研究　183
授業中に ICT を活用して指導する能力　166
授業評価　144
情報（処理）教育研究集会　144
「情報」領域　112
情報Ⅰ　189
情報Ⅱ　189
情報安全教育　200
情報学（Informatics）　187
情報活用型授業　183
情報活用能力　3, 12, 110, 142
情報活用能力調査　6, 69, 143
情報活用の実践力　12, 31, 68, 110, 166, 186
情報機器を操作するスキル　121
情報技術の知識　81
「情報基礎」　110
情報教育　3, 11
情報教育スタンダード　43
情報教育のカリキュラム　184
情報教育のポータルサイト　190
情報教育の目標　68
情報教育モデルカリキュラム　190
情報社会　1
情報社会に参画する態度　12, 31, 68, 110, 166,

索引

　　186
情報手段　142
情報処理　129
情報処理教育　109
情報処理推進機構　149
情報セキュリティ教育　73
「情報とコンピュータ」　110
情報の科学的な理解　12, 31, 49, 68, 110, 166,
　　186
情報のデジタル化　155
情報モラル　69, 130
情報モラル指導モデルカリキュラム　180
情報モラルなどを指導する能力　166
情報リテラシー　126, 192
情報倫理　80, 146
情報倫理デジタルビデオ小品集　160
情報を処理するためのスキル　121
自律システム　119
『新「情報教育の手引き」』　95, 96
人工知能　3, 15
「心的手続き」領域　112
スマートフォン　74
正確性のモニタリング　117
「精神運動手続き」領域　112
生徒指導　75
全国学習情報データベース　149
専門的な学習共同体　184
相関カリキュラム　111
ソーシャル・メディア　132

タ行
大学ICT協議会　160
タブレット端末　172, 177, 182
＊玉田和恵　81
知識構成型ジグソー法　174
知識の活用　115
中央教育審議会　19
調査　115
著作権　80, 161, 176
著作権情報センター　161
出会い系サイト　71
データベース　159

デジたま　155
道徳教育　181
道徳的規範知識　81
取り出し　111
ドリトル　157

ナ行
21世紀型スキル　5, 142, 187
21世紀型能力　46
日本ネットワークセキュリティ協会　161
日本放送協会　149
人間の情報処理能力　188
認知論的アプローチ　53
ネットいじめ　74
ネット依存　80
能力測定　134

ハ行
＊パパート, S.　62
パフォーマンス評価　45
春野家ケータイ物語　26
比較　113
誹謗中傷　75
不正請求　70, 73
普通教科「情報」　110
プライバシー　83
プログラミング　58, 59, 128, 156, 194
プログラミング教育　7, 23, 147, 194
プログラミング言語の役割　195
プログラミング的思考　7, 24, 194, 196
プロセスのモニタリング　117
ブロックプログラミング　156
プロフィール　72
文化庁　161
分析　113
分類　113

マ行
マジカル・スプーン　155
マスメディア　129
＊松田稔樹　81
学びのイノベーション事業　21, 46

205

＊マルザーノ，R. J. 111
無料通話アプリ 74
明瞭性のモニタリング 117
メタ認知 117
メディア・リテラシー 124, 125, 131, 171, 192
　――の構成要素 133
メディア教育 124
メディア論 125
問題解決 115
問題解決学習 186
問題解決能力 200
　――の育成 200
問題行動 75

文部科学省 147

ヤ行
有効性の検討 119
ユビキタスコンピューティング 131

ラ行
理解 111
リスク管理能力 72
リスクマネジメント 83
臨時教育審議会 11
レディネス調査 144
ロボテイスト 157

**執筆者紹介**（執筆担当，執筆順）

稲垣　忠（いながき・ただし，編著者，東北学院大学教養学部）　序章・第2章

中橋　雄（なかはし・ゆう，編著者，武蔵大学社会学部）　序章・第7章

堀田 龍也（ほりた・たつや，東北大学大学院情報科学研究科）　第1章

村松 浩幸（むらまつ・ひろゆき，信州大学教育学部）　第3章

長谷川元洋（はせがわ・もとひろ，金城学院大学国際情報学部）　第4章

小柳和喜雄（おやなぎ・わきお，奈良教育大学大学院教育学研究科）　第5章

黒上 晴夫（くろかみ・はるお，関西大学総合情報学部）　第6章

香山 瑞恵（かやま・みずえ，信州大学工学部）　第8章

木原 俊行（きはら・としゆき，大阪教育大学大学院連合教職実践研究科）　第9章

永野 和男（ながの・かずお，聖心女子大学名誉教授）　第10章

教育工学選書Ⅱ第8巻
情報教育・情報モラル教育

2017年7月20日　初版第1刷発行　　　　　　　〈検印省略〉

定価はカバーに
表示しています

|編著者|稲垣　　忠|
||中橋　　雄|
|発行者|杉田　啓三|
|印刷者|坂本　喜杏|

発行所　株式会社　ミネルヴァ書房
607-8494　京都市山科区日ノ岡堤谷町1
電話代表 (075)581-5191
振替口座 01020-0-8076

© 稲垣・中橋ほか, 2017　　冨山房インターナショナル・新生製本

ISBN 978-4-623-08065-6
Printed in Japan

## 教育実践論文としての教育工学研究のまとめ方
――吉崎静夫・村川雅弘編著　A5判　224頁　本体2700円

●実際の実践研究に関する論文について，執筆者が実践研究を論文にまとめる際に「強調したかったこと」「留意したこと」「苦労したこと」などをわかりやすく示す。これから実践研究論文を書こうとしている大学院生や若手研究者，現職教員の参考になることを意図した，論文の書き方／まとめ方。

## すぐ実践できる情報スキル50──学校図書館を活用して育む基礎力
――塩谷京子編著　B5判　212頁　本体2200円

●小・中学校9年間を見通した各教科等に埋め込まれている情報スキル50を考案。学校図書館を活用することを通して育成したいスキルの内容を，読んで理解し，授業のすすめ方もイメージできる。子どもが主体的に学ぶための現場ですぐに役立つ一冊。

## インターネットはなぜ人権侵害の温床になるのか
――吉冨康成編　四六判　144頁　本体1600円

●ネットパトロールがとらえた SNS の危険性　ネットいじめなどに代表されるように，現在 SNS などのコミュニティサイトでは，多くの人権侵害にあたる表現がみられます。本書では，ネット人権侵害の現状と実際を知らせ盲目的なネット利用に警鐘を鳴らすとともに，その対策の端緒ともなるネットパトロールの実践を紹介し，ネット人権侵害対策の糸口を探ってゆきます。

## 事例で学ぶ学校の安全と事故防止
――添田久美子・石井拓児編著　B5判　156頁　本体2400円

●「事故は起こるもの」と考えるべき。授業中，登下校時，部活の最中，給食で…，児童・生徒が巻き込まれる事故が起こったとき，あなたは──。学校の内外での多様な事故について，何をどのように考えるのか，防止のためのポイントは何か，指導者が配慮すべき点は何か，を具体的にわかりやすく，裁判例も用いながら解説する。学校関係者必携の一冊。

― ミネルヴァ書房 ―

http://www.minervashobo.co.jp/

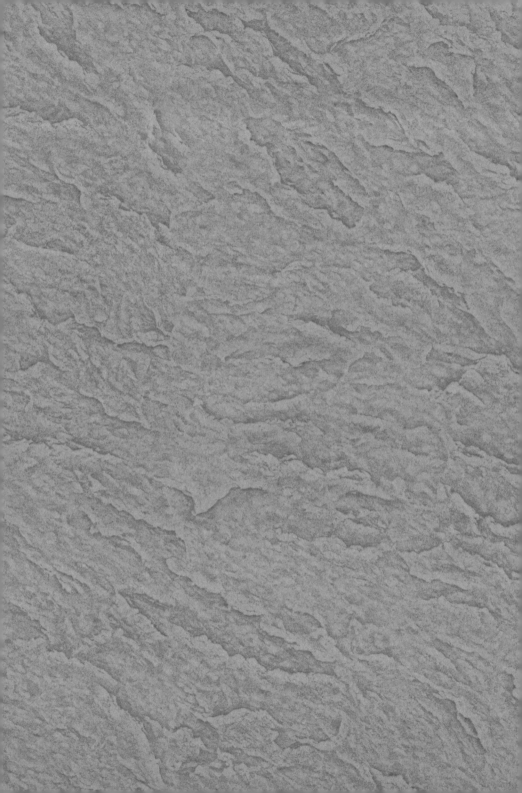

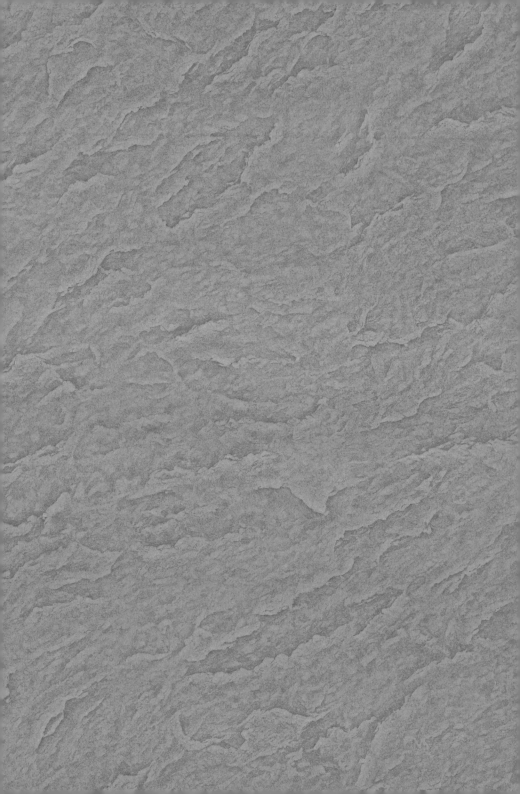